EVOLUCIÓN DEL HOMO SAPIENS CON
SOLES DE VICIO

Dedicatoria

A mí amado padre…

Esto no se lo dedico solo a la navidad sino también a Natividad

Fue cuando nació Jesucristo para un bien y mi padre también

Natividad de Jesús se llamó para su buena vida el batalló

Desde niño solo anduvo, y se superó así muchas cosas él obtuvo

Todo lo que pudo lograr fue trabajando y sin cansancio fue luchando

Para muchos fue bueno y otros deseaban que lo partiera un trueno

Como todos con más de mil y un defecto, pues nadie es perfecto

Ni sus estudios de primaria culminó, pero más que eso aprendió

En sus trabajos se destacó, por su virtud se superó

De vigilante a ejecutivo por ser responsable y productivo

De chofer a directivo pues tuvo excelentes calificativos

Quien desea crecer, un buen hombre como él debe de ser

Padre soy parte de ti y de ti fue mucho lo que aprendí

Tome todas tus virtudes y las tome como buenas actitudes

También las negativas y las multipliqué con las mías a positivas

No sabes cuánto te valoro, a mi Dios que te tenga en su gloria, se lo imploro.

PRÓLOGO

Cada ser humano tiene la capacidad de percibir y analizar los contextos según sean sus propias perspectivas, sus conocimientos sobre algunos aspectos de su entorno y el tipo de actitud con que se destaque en su propia vida.

No soy una escritora ni nada parecido, solo quiero resaltar y reflexionar que es lo que somos y podemos ser con respecto a una nación con libertad, una libertad con respeto y responsabilidad, donde se hagan prevalecer los deberes y derechos ciudadanos, demostrarle al mundo desde donde se perdió la libertad, en el transcurso del tiempo desde el poblamiento de América hasta hoy día, que es lo que ha pasado con mi Venezuela amada, su gente, sus riquezas y demostrar que nos han puesto en una balanza donde se aprovechan de la ingenuidad, de la ignorancia, de la abstención de un todo de sus ciudadanos, con la finalidad absoluta de adquirir sus riquezas desde conquistadores y hasta sus propios militares quienes deberían ser sus guardianes que adquieren esta divisa para tal fin, pero siempre y más ahora, solo han de lucrarse a nivel personal y respaldar a civiles que irrumpen nuestras leyes constitucionales. Han traicionado como nunca visto en la historia del país, la soberanía, la patria que le costó la vida, riquezas a nuestros héroes patrióticos y a nuestro Libertador Simón Bolívar.

América, según historiadores e investigadores como se dijo anteriormente, fue poblada aparentemente por personas que ingresaron por el estrecho de Bering y fueron poblando toda América desde el norte hasta el sur, formando tribus que dejaron grandes huellas como los Aztecas, Mayas e Incas y que sus propias creencias les permitieron evolucionar de forma integrada a sus maneras, interrumpidas por los conquistadores que ya es bien sabido para todos, lo que conllevó esta conquista en especial los españoles, dándole un rumbo fuerte a la majestuosa América, donde los investigadores e historiadores han reflejado acciones inhumanas hacia sus primeros pobladores.

Para finalizar explico el uso de los versos, para hablar sobre la evolución histórica política de los presidentes militares de mi país, todos sabemos que la historia es larga y para muchos no muy agradable, pero en versos podrán leer, indagar y sacar sus propias conclusiones de una manera más corta y agradable. Es posible que en muchos versos no estén de acuerdo con lo que describo y tendrán sus críticas, enojos, pero nadie está obligado a leerlos, pero es solo eso, versos, donde uno expresa sus pensamientos y sentimientos con algo que aconteció en la realidad, en este caso lo que escribieron los investigadores en lo consultado, lo que opinan las redes sociales en la actualidad y los hechos ocurridos y vividos en mi propia vida.

Preámbulo reflexivo a los versos

Esto que escribo no es una dedicatoria, es solo una aclaratoria

Para aquellos que tienen responsabilidad, y no para los que pintan honestidad

Para los que tienen palabra, y no para los que usan la magia abracadabra

Es la venta de tu imagen tu proyección donde encajes

Nunca dejes de soñar, esto nos hace añorar

Abre la imaginación, descubre la historia en transición

Hay más que un estilo de verso, que te hacen investigar y mucho más que eso

Es una pequeña recopilación, que debe leerse con pasión

La vida es un camino sin cesar, y cada quien la lleva a su pesar

Cada quien la toma a su cabida, pero mejor con actitud precavida

Se arrancan los pétalos necesarios, para no terminar como mercenarios

Muchos pregonan los valores, pero les adornan tunas de cardones.

CAPITULO I
EL HOMO SAPIENS LLEGANDO A AMERICA

Amando una libertad sin él saber
De lo inferior hasta lo superior
Es homo sapiens del paleolítico
En su caminar lo tuvo con furor.

Con mucho furor sobrevivió el homo sapiens
Ese es el caminante sin ningún conocimiento
Pero sin parar en busca de su posible confort
Llegó al Bering, sin saber su descubrimiento.

Es América con coloridos verdes, azules y amarillas
Reflejando sus plantas, sus aguas y ese sol radiante
Como lo dice el maestro Bello en su zona tórrida…
Sin saber ha descubierto a América, el gran diamante.

Con el clamor, con el amor, con toda su pasión de avanzar
De dominar la hermosa naturaleza americana desconocida
Con el paso del tiempo son aborígenes y nueva civilización
Aflorando la paz, sus normas, sus luchas y hasta la genocida.

La fuerza de los océanos y el deseo del danés Vitus
Con sus ímpetus mares azules y las danzas de sus olas
Un estrecho encontró entre Asia y el nuevo mundo
Estrecho de Bering se llamó, tres Américas en bodas

Entre lo sólido y lo líquido a la pasión de los inmensos océanos
La curiosidad o la necesidad del inquieto homo sapiens despertó
Virtuoso de exuberante virginidad sin saber un mundo a conocer
Orquídeas coloridas, inmensa naturaleza, perfecta belleza descubrió

Ya en suelo americano el virtuoso homo sapiens ahora es precolombino
Migrado desde Asia y Costa Pacífica civilizando con furor auscultación
Con la hermosa y valiosa arqueología ya encontradas así lo confirman
Descendiéndose, desplazándose de norte a sur fue formando su población

Desde los Iroqueses, Algonquinos, Apaches y Navajos del apreciado Norte
Con los Aztecas, los Mayas e Incas del noble Centro y Sur como población
Hasta Amerindios, Zapotecas, Chibchas y Machicas predilectos y autóctonos
Ay¡ mi Dios… que fuera de esta civilización si no fuera por la colonización

Los Navajos, luchadores que salieron desde el bondadoso Canadá
Los iraquíes desde los grandes lagos del prestigioso Nueva York
Los valientes Apaches del Arizona y del Norte del lindo México
Valorando sus culturas ahora en reservas preservando con clamor

Es el glorioso imperio Maya descansando en la península de Yucatán
A Guatemala, Honduras y El Salvador con sabiduría se pudo extender
Sus grandes culturas, sus cultos, sus escrituras y sus ímpetus templos

Sus propios desacuerdos y la colonización la conllevaron a desaparecer

Aztecas con impresionantes arquitecturas de ciudades deslumbrantes
Protegidas por su gran Dios Huizilopochtli y en busca de tierra fértil
Creando con dominio su imperio, lucha en lucha junto a su gran Dios
Esperanzado con Cortez enviado por su Dios creían y fueron su mártir

El majestuoso Machu Picchu creado para proteger al hermoso Cuzco Inca
Exhibición monumental, maravilla de una civilización inca constructores
Con un imperio ímpetu, pero por sucesión en desacuerdo cae ligeramente
Crearon su propia y errónea división, fácil destrucción por colonizadores

Machu Picchu, entre las maravillas a ti te dejaron
El rico maíz nació, es el alimento de nuestras raíces
Una gran cultura hecha con alma de buen hermano
Sus monumentos y su fe quedan sus lindos matrices

Ese homo sapiens caminante sin cesar forjo su futuro sin querer
Mayas, aztecas e Incas representaron una civilización sin saber
Sus imponentes culturas y su ardua lucha imperios han de tener
Lo hicieron todo para mantener, pero el colonizador los hizo caer

Es la América de las riquezas, es la América de la ignorancia
La vil corrupción y la fea maldad llegó a la gran América sin parar
Armados llegaron conquistadores y colonizadores como vencedores
Atacaron imperios, como maldad llegaron a matar y también a robar

El tiempo siempre pasa y por una razón, esto se llama evolución
Se aprende con el pasado, fíjense en la evolución del calzado
Cosas del presente, una es el pensar y la otra pasar por inocente
Y sin dejar atrás al futuro, de la vida puede ser claro u oscuro

CAPITULO II
POR DIOS COLON… QUE HICISTE

Tierra¡… tierra¡… grito desde arriba Triana
Solo los que podían ver, ver tan hermoso paraíso
Llegaron como cinta toxicológica de color rojo
Destruyendo América tan rápido como hechizo

Comienza a morir ella, esa bondadosa llamada libertad
Es América lo puro, lo virgen, lo hermoso de esta tierra
Guaicaipuro luchó y dio su vida por su gente, su paraíso
Su pureza de luchar, sin malicia es asesinado por la fiera

Colon trajiste esa gente esa fiera, muere libertad
Que sería de América sin Colon sin esa cinta roja
La llamaron conquista armada y conquista pacifica
Al final fue una conquista… América quedo coja

Un paraíso de muchas riquezas incalculables como una maravilla
Resplandor del oro, brillantes diamantes y exuberante vegetación
Hermosas, dulces y frágiles mujeres aborígenes y fueron violadas
Por conquistador sin neuronas y permiso de reinado en aceptación

Llegó Colon conquistando al paraíso que esta al norte del sur
Así como lo llamó Franco en su canción y esto no fue un tour
Asesinando por exuberantes Perlas de esa Cubagua hermosa
Inocentes aborígenes abusadas y seguro una mujer glamurosa

España¡, había personas, había ideas, había sueños y hasta sus dueños
Toda América ya tenía sus amos y mucho espacio para ti, colonizador
Pero enviaste lo peor, lo deficiente, lo demente, el hedor de tu país
Asesinando aborígenes, robando riquezas y tierras por tu conquistador

Para muchos fue llamada colonización y también deshumanización
Los Aborígenes sin sus libertades y negros vendidos por bandidos
Todos por dentro somos iguales, pero los hay de precios diferentes
De sirvientes, de sus usos y esclavos por siglos estuvieron perdidos

Como comprobó el gran Mendel con todos sus guisantes
Los colonos crearon pardos, mulatos y toda clase social
Con todos sus abusos y la muerte de la libertad en lagrimas
Con dolor lo aguantaron todo, por esta discriminación racial

Así nacieron los ilustres mantuanos en la pronta Venezuela
Hijos de los privilegiados y ahora los dueños de lo ajeno
Que con el tiempo con lujos y buena educación les dieron
Se vería nacer a un Libertador en un tiempo no muy lejano

Aborigen laborioso, aborigen que amaba su libertad
Aborigen de encomiendas sirvientes de los españoles
Son dueños de sus tierras, los dueños de sus riquezas
Despojados de todo y hasta de sus propios valores

Ni denuncias ni quejas nadie evitó el genocidio aborigen
Colonos abusadores, colonos todos van como abruptos
Ni el Fray Bartolomé, ni con sus protestas, ni con su fe
Así continuó el vil abuso y así nace el colono corrupto

Abusaron de los aborígenes y burlaron su corona que eran sus orígenes
Ni propias normas ni sus tales capitulaciones sirvieron como funciones
Una nueva América cambia y crece, pero el aborigen y el esclavo padece
El colono ya lleno de sus corrupciones no le tocaba ni las bendiciones

No solo bastó con lo ya conocido como lo es el genocidio
También le llegó la viruela y la sífilis, morían en cantidad
Pobre aborigen tal sometimiento no creció su conocimiento
Contaminados en comunidades ya es demasiada calamidad

A pesar del pasar varios siglos, igual continúa el genocidio
Con ella la esclavitud muchos hombres crecieron con su virtud
Creció la población de mestizos llevados con fe a sus bautizos
Nacen hombres de buena actitud para luchar desde su juventud

CAPITULO III
LLEGO SIMÓN... EL LIBERTADOR

No solo nace la emancipación por la libertad de América
Sino el mismo héroe Simón Bolívar, el gran Libertador
Con aguerridas madres y sus inspiradores Rodríguez y Bello
Viendo las injusticias de las fieras crece el infante innovador

Solo la fuerza no lo hace completo, al hombre sin conocimiento
Grandes escritores y el sabio Marqués Anturiz lo llenó de virtudes
En la vida todo tiene su propósito, el amor Del Toro para él fue todo
Donde la igualdad y el derecho a la vida fortalecieron sus actitudes.

Con su maestro Simón Rodríguez hizo en Sacro su gran juramento
Sin importar su cuna de oro con entusiasmo realiza su gran viaje
Sediento por la libertad y por una nueva gran patria de su nación
Cruzando el hermoso océano azul inicia su lucha con furor coraje

Con su abolengo e ilustres amistades forman una junta patriótica
El general Francisco de Miranda llegando con su ejército y tripulación
Se inician los primeros pasos de lucha de Simón, el gran Libertador
Siendo Venezuela la primera independizada a pesar de su capitulación

Comienzan sus batallas que lo hicieron Simón Bolívar el Libertador
No solo de Venezuela también del Perú, Colombia, Bolivia y el Ecuador
Cabalgando de Norte a Sur y de Oeste a Este con todas las vicisitudes
Junto a Santander, Páez, Sucre y Ribas todos tienen triunfo de ganador

Santander con Bolívar y Páez, con su lucha nos atrae
Santander con su canto en llano adentro es un encanto
Fuerza a Bolívar Pepita le dio y su batalla no perdió
Santander un amor encontró en Guasdualito lo descubrió

Llano adentro muchos caen, pero siguen adelante con Bolívar y Páez
Con estrategias para derrotar a Morillo, para acabar con ese vil caudillo
Dionisio, Córdova y Rondón, luchan con Bolívar como excelente pelotón
Pisba, Paramo Andino va el patriota, a los españoles les dio fue derrota

Santander con su amor que descubrió, en cada avanzada lo suspiro
En Pantano de Vargas lo perdió, su amor Felisa batallando murió
A Bolívar y a Santander, sus amores nunca los hicieron perder
Obtuvieron su triunfo en Boyacá, marcó hasta Santa Fe la libertad

Campaña libertadora, duro llano y bravo paramo fue la lucha triunfadora
Ejercito patriota dolor y muerte soportaron, pero sus victorias encontraron
Valiente la legión británica que luchó, a Simón Bolívar siempre lo apoyó
Libertad a Nueva Granada con Pudor, ejercito patriota todos batallaron

Carabobo unas de las batallas definitiva, la ganan con toda comitiva
Con la unión de Bolívar y Páez, luchando en batalla ya España cae
Patriotas victoriosos y valientes, venezolanos ya son independientes
Batalla de Carabobo sellando, nuevamente Bolívar sale triunfando

Pero sin olvidar que también está la Batalla del sur del lago ganadora
Que Bolívar dejo creyendo que ya estaría cerrada la independencia
Pero no faltaron hombres valientes, las grandes y astutas estrategias
En peligro Venezuela, pero aquí se sella y se gana la buena decencia

Bolívar inicia campaña del sur, hasta Quito y Lima y no es un tour
Al mando llega el Sucre luchador, liberando todo al lindo Ecuador
Mientras Bolívar en Pasto, gano a pesar de que no se daban abasto
Quito reciben al gran Libertador, y Manuelita le hace el buen honor

Ay… Manuelita fuiste tan terca y traviesa, la libertad es lo que te interesa
Toda una patriota con gran valentía, a Bolívar admirabas con gran simpatía
Con sentimientos y emoción, entre Bolívar y Manuelita despertó la pasión
Existen los amores imperdibles, ni los compromisos los hacen imposibles

Señora Manuela Sáenz, también Manuelita, no solo fuiste muy bonita
También precursora, en Quito y en Lima con pensamientos de libertadora
Sin conocer verdaderamente al General Simón, confiaste en él un montón
Amor y estrategias militares a Bolívar le dio, pero su amor pronto lo perdió

Bolívar y San Martin tuvieron su encuentro, y en Guayaquil fue el acuerdo
Camino a Lima para su libertad, Bolívar y San Martin intentaron una amistad
Con Sucre, Córdova y la Legión, Bolívar tuvo fe con ellos como una religión
Llegan a Lima en campamento, Bolívar llega es enfermo y sería su tormento

A Perú llegaron los patriotas sin soldados y se sentían encadenados
Con estrategias ganaron la Junín, luchando como buen espadachín
Perú, Bolívar también libertó, y el apoyo Santander se lo negó
Al libertador le comienza la traición, sin culminar total liberación

Sucre triunfa en Ayacucho, ganándole a España que eran muchos
Manuelita Sáenz también va a batalla, y se gana su gran medalla
Siempre y valiente Córdova, ya las ideas del Libertador les estorba
Traiciona a su ejército, pero al final le dan su propia derrota

Páez y Santander a Bolívar no lo lograron comprender
En su Caracas y Nueva Granada, les negaron su entrada
La ambición y la oligarquía a ellos les quitaron la valentía
Muere Sucre y su destierro, triste muere y llega su entierro

Glorioso y buen luchador es Bolívar nuestro gran Libertador
Su gran pasión por la libertad, fue tan grande con inmensidad
Por tus naciones libres hay gratitud, porque nadie ha sido como tú
Único que Dios envió, solo a Simón Bolívar que libertad nos dio

Oh Dios¡, mi todo poderoso, trajiste a Bolívar muy dichoso
El creció perdiendo amor, pero lo valoró con mucho clamor
Supo usar su sabiduría, no dejo escapar ni siquiera su picardía
Sin manipulación de ideales, inculcó los valores fundamentales

Que reciban desprecio y castigo, quien use su nombre como mendigo
Al pueblo que liberaste no se le engaña, en tu nombre dicen es patraña
Diste tu vida, tus riquezas por el país, ahora corruptos nos dejan sin raíz
Eres padre en valores de la armada, ahora traicionan al país en manada

Lleno de mucha dulzura y bondad, fue Simón hombre de calidad
Fue su musa con entereza, esa fue su eterno amor María Teresa
En el camino consiguió lo que interesa, es amor para su fortaleza
Lo llenan de energía y entusiasmo, puede ser cierto o un sarcasmo

Una gesta llega y nace como un árbol torcido que jamás endereza
Nació torcida con un Páez, sin moral y luces como dijo Libertador
Pobre Venezuela, tanto que se luchó para lograr su independencia
Además de su traición también su corrupción por este embaucador

Por eso Simón dijo "moral y luces son nuestras primeras necesidades"
Faltando en cada hombre que separó la gran Colombia del Libertador
La gran Colombia que quizás pudo ser como la del norte de América
Pero la codicia, el egoísmo y el poder sin luces…, fue su catalizador

CAPITULO IV
LLAMADA LAS REPUBLICAS: GUERRA DE GENERALES

Sin Simón Bolívar queda Venezuela,
Ya no hay valiente quien la consuela
Venezuela ahora es una sola nación,
Por ideologías sufre transformación
Con sus normas y leyes en formación,
Ya lleva volúmenes en constitución
Cada presidente con su condición,
Para igual usarla en su corrupción.

Por un lado, muere el Libertador
Y Por el otro, Páez es un dictador
Crea ya su una nueva constitución
Amigo de oligarquía en formación
Que acentuaban todo un gran odio
Hacia Bolívar lo tumban de su podio
Páez también fue luchador y liberador
Su codicia lo llevó a hacer un traidor.

Comienza la Venezuela con el caudillismo
Sus grupos llamados Realismo y Liberalismo
Todos estos caudillos querían solo el poder
No por su país ni sus problemas a comprender
A caudillos Páez si los supo y pudo controlar
Pero sus necedades, Páez se las tuvo que calar
Primero a los hermanos Monagas de caudillos
Para todos estos eran más que un par de pillos

Ahora los llaman políticamente los conservadores
Páez, Vargas y Soublette sus nuevos luchadores
Se logró con los liberales que la paz la mantendrán
El dominio a los hermanos Monagas lo realizaran
En Venezuela militares y oligarquía querían mandar
No por formar una república solo para poder robar
Todos veían al país como baúl de oro y diamantes
Y por ello, como sea todos luchaban era galopantes

Páez siempre alcanzó y logró mucha simpatía
Se ganó el respeto por el pueblo y la oligarquía
Combatió y controló toda y nueva insurrección
A los Monagas y todo liberal en su revolución
Páez después y que ganó un montón de batallas
Pero con su corrupción al país no dio ni la talla
También fue olvidando a los pueblos campesinos
Solo la oligarquía fueron sus amigos y vecinos

La guerra independentista una buena deuda al país dejó
De la gran Colombia más que un vicepresidente se quejó
De la gran Colombia deciden que se tienen que separar
Y es así que cada nación de su deuda tenía que es pagar
Esto le da inicio en este país a la llamada deuda externa
Así que para Venezuela será su siempre la deuda eterna
Para solventar este pago Páez aplicó su buena habilidad
Logra una producción agropecuaria con mucha cabalidad

Comienzan a desfilar muchos generales
Y estos son los que salen por todos lares
Dicen todos que lucharon con Libertador
Pero al parecer ninguno fue su admirador
Todos con ansias del poder y con codicia
Pero como irrespetaban todos a la justicia
Tenían y querían es su propia constitución
Que solo usaron para total y vil corrupción

Después del general y caudillo de Páez
Llega así el Dr. Vargas que pronto cae
Para este Páez, él no fue su predilecto
Quiso un militar amigo que fuera electo
Pero la sociedad civil pudo y asi eligió
Considerado un ilustre con gran elogio
Así llegó a presidente el médico Vargas
Su estadía allí fue corta y muy amargas

José maría Vargas fue primer civil presidente
Médico eficaz con sus estudios y muy decente
Todo militar dice que se encuentra es molesto
Consideran a Vargas un presidente es modesto
Porque huyo de la guerra en su pleno comienzo
Regresando al final como una pintura en lienzo.
Esto no es de agrado para todos estos militares
Los que huyeron para ellos, no son ejemplares.

Vargas fue apresado por absurda insurrección
Negándose a renunciar por esta tal revolución
Fue sacado de Venezuela en una embarcación
Vargas molesto se opuso a esta vil enajenación
Para ellos un civil no podía tener la presidencia
Solo ellos por luchar y lograr la independencia
Carrujo y Mariño querían es poder y privilegios
Todos generales se daban sus rangos y elogios

Solos, luchaban con esta nueva autoridad
Era Vargas constitucionalista con dignidad
Fue una batalla con un estilo de aventurero
Pedían reformas, como agujas a costurero
Todo estaba y lo tenían en la constitución
Se podía hacer normal sin esa revolución
Y menos lo que le hicieron a un presidente
Secuestrarlo y sacarlo, Vargas tan decente

Los militares querían todo su fuero
decían que los tenían todos al suelo
Querían el regreso la iglesia católica
Pero con toda su comitiva apostólica
Para esto no eran las armas necesarias
Ni que fueran unos partos de cesarias
Vargas fue un ilustre y médico noble
Que hasta un hospital lleva su nombre

Venezuela ahora queda sin su presidente
General Soublette parece el más prudente
Una derrota para todos estos reformistas
Hasta José Tadeo fingió ser conformista
Tenían a Páez como árbitro para mediar
Que a civiles y militares pudo controlar
Así comenzó Soublette como provisional
Fue mano derecha de Páez e incondicional

Sale un monstruoso como decreto de muerte
Para todos los sublevados es más que fuerte
Todo reformista fue hasta más que perseguido
Aplicándole todas las leyes para ser extinguido
Pero Soublette supo ser un buen conciliador
A todos no les aplicó este decreto tan castigador
Había unos ilustres, con pensamientos realistas
De raíces españolas sin dejar de ser tan racistas
Estos eran dueños de varios periódicos locales
Que a Bolívar lo difamaron con odios totales
Solo fue el General Soublette lo quiso valorar
Pero no había nadie que a él lo quisiera apoyar

Páez llega otra vez a la presidencia
Usando el combate y la diplomacia.
Sin oposición alguna, toma el poder
Tuvo el control y lo que quiso querer.
Se crearon unos bancos y fundaciones
Y la colonia Tovar y sus inmigraciones.
Se consideró una economía muy liberal
Pero en pueblos había miseria marginal.

Todo quedaba era en familia, como lo querían
Continuaba Soublette al mando así lo decidían
Como los puntos fijistas y los tales chavistas
Donde surgirán y que nuevos revolucionistas
También Soublette mando con esa oligarquía
La misma de Páez que les brindo toda pleitesía
Al final dio a varios militares toda la amnistía
Mariño recibe condecoración y que por valentía

Les nace una oposición a todos los Paceistas
Se forma una guerra civil y unos Zamoristas
Esto comienza es con unas ideas de liberales
José Leocadio Guzmán y termina sin ideales
Se fundamenta una revolución a la campesina
Es Rangel y Zamora nuevos cambios avecina
Pero son derrotados por los ejércitos paceistas
Igual llega Monagas y cambia a estos fijistas

Es José Tadeo Monagas ahora está de presidente
En tan solo un año logra reputación de indecente
No solo la corrompe y desacata a la constitución
También logra tener buen gobierno de corrupción
Realizando así el acto más inhumano y sangriento
Donde asesina sin compasión a los del parlamento
Evitar en sesión por su corrupción a ser destituido
De todo acto incorrecto en su gobierno cometido

Páez lucha arduamente, para rescatar el poder
Es derrotado y expulsado del país sin él querer
Comienza la monarquía de estos monaguenses
Ellos se apoderaron por años y nadie los vence
Ahora de presidente es el General José Gregorio
El hermano de José Tadeo, nadie le hace elogio
Considerado el peor mandatario de esta historia
Inepto y no por abolir la esclavitud le dio victoria.

Vuelve José Tadeo como aristocrático
Pero con su régimen muy autocrático
Propicia otra y una nueva constitución
Para continuar con su gran corrupción
El congreso pues por fin no la aprueba
Y en la embajada de Francia se encueva
Con la revolución del 58 es que renuncia
El "jefe" lo derroca y el congreso anuncia

Se forma ahora, es la convención de Valencia
Con un ideal de restaurar al país con paciencia
El acuerdo de criterio mixto fue muy cordial
Aprobar la constitución en república federal
Pero no siempre, todo es bombos ni platillos
Godos, oligarcas se reparten el feudo de pillos
Hay molestias y así se inicia la guerra federal
Destruyen al país con una guerra sin un ideal

Venezuela solo tenía un gobierno centralista
Todo un feudo y como un reino imperialista
Mientras personas de los pueblos si padecían
Solo la miseria y el hambre en ellos si crecían
De ahí fue donde nacieron los que no querían
Este gobierno centralista, pero pronto morían
Como Ezequiel Zamora y todos sus seguidores
Batallaron, lucharon y no fueron los vencedores

Tanto que luchó y perdió Bolívar por la libertad
Se vencieron los españoles, pero no la impunidad
Hay militares se prestaron para una podredumbre
Aliándose con godos se les volvió una costumbre
Ahora aquí todos los militares son ahora generales
La dignidad la echaron como que en unos pañales
Parece que nunca les importó pues ninguna patria
Solo tener poder, dinero y una falsa en su idolatría

Formaron la peor y absurda guerra sin ningún ideal
Marginaron a su pueblo con esta fea guerra federal
Con el gran poder del egoísmo y un vil despotismo
Este montón de generales hicieron su protagonismo
Destruyeron a Venezuela y todo su aparato productor
Como lo hace cualquier degenerado como un dictador
Venezuela con su pueblo que lo dejaron es marginado
Todo consciente que ame su patria estaría es indignado

En contra del mando centralista
Lucha Zamora como federalista
Al poco tiempo Zamora, muere
A los campesinos es que les duele
Pero no a ese montón de generales
Lo usaron de escudo en sus ideales
Fue una vil guerra más que mortal
porque llevó al país a la ruina total

El gobierno central lo toma es Páez
Pero pierde las provincias otra vez
El control los tiene son los federales
Con todos aquellos y sus generales
Venezuela con dos jefes supremos
Y este pueblo está en los extremos
Sin algún acuerdo y en mal termino
La miseria del país va es en camino

Así continúo esta rara guerra federal
Cada jefe supremo con su raro ideal
Hasta por fin llegó una buena noche
Y decidieron hacer el tratado de coche
Páez como presidente mientras tanto
Y Crisóstomo como jefe militar al tanto
Se instaló una nueva asamblea general
Y Páez entregó todo el mando al federal

Juan Crisóstomo Falcón es el otro general
Toma poder e inicia es su gobierno federal
Toman mucho poder todos estos federales
Donde todos se nombran ahora, generales
No se entrega a campesinos ninguna tierra
Crece el latifundio de generales como quiera
Solo fue gobierno de acciones personales
Pelearon como en esas novelas pasionales

Todo político sea general y militar fanfarrón
Ha usado a su pueblo como la carne de cañón
Hasta este execrado de José Tadeo Monagas
Que ha hecho en el país lo que le vengan ganas
Octogenario y viejo ya con su revolución azul
Le hizo la guerra a Falcón y acabó con su curul
Tratado y sacado por ser corrupto y autócrata
Entra a Caracas alabado como un demócrata

Entro a la Caracas como los mismitos tuertos
No vio lo que produjo, centenares de muertos
Con soldado como mendigo y todo descalzo
No dio ropa ni nada lo que les ofreció es falso
Juan Crisóstomo el general huye es a Curazao
Allí es donde este muere y se le acaba su sarao
Ahora José Tadeo Monagas otra vez presidente
Nombra gabinete como si fuera persona decente

Este José Tadeo Monagas, el octogenario
Esta seguro que será un gran legendario
Creyendo que si lo será y que por bueno
Muriendo malo más rápido que un trueno
Había dictado a la constitución un decreto
De la constitución federalista de concreto
No le hizo al fin reforma a la constitución
Que sorprendente y extraña buena decisión

Queda un tal Villegas como presidente provisional
Como lo dice la constitución en ese tiempo actual
Los Monagas son familias de primos y de hermanos
Se discuten el poder como en los imperios romanos
Quedando así en el país un enorme vacío de poder
Y el pronto regreso de la lucha armada sin un doler
Iniciándose desde ya el llamado liberalismo amarillo
Pero si terminando pronto con este par de caudillos

Llega otro militar, Antonio Guzmán Blanco
Con este general Venezuela se inicia en algo
Lo malo que es con otra de su nueva reforma
Es que ya esta constitución no tiene ni horma
Se realiza una estadística y el censo nacional
Por vez primera se tiene un censo poblacional
Se decreta para todos, derecho a la educación
Gratuita y obligatoria, una buena formación

Se crea el matrimonio legal por lo civil
La legalidad de las parejas llega al fin
Se construye lo que será dimensional
Es el congreso y el panteón nacional
También muchos templos y carreteras
Hasta los ferrocarriles y todas carteras
Fue un gobierno llamado progresista
Y también fue muy fundamentalista

No solo tuvo mucha progresión
También fue mucha corrupción
A todo político que era un opositor
Era perseguido y poco alentador
Fue Hijo de un ilustre venezolano
Era general, pero mejor formado
Quizás le importó más el progreso
Deja su mando, pero tiene regreso

Solo por un año, Guzmán Blanco que se ausentará
De presidente Linares Alcántara es quien mandará
Antonio Guzmán se regresa de su hermosa Europa
Tomará la presidencia expresa que ya esto le toca
Ahora si comienza, la llamada fase la Guzmanera
Cada gobierno lo decide Guzmán, pero a su manera
Se inicia el desfile de unos cuantos de sus generales
Joaquín, Juan, Hermógenes, con los mismos ideales

Ahora este liberalismo amarillo esta es de gozo
Con todos los beneficios y dinero con destrozo
Millonarios ya están, continúa es la corrupción
Con su gran progreso y todo va es en evolución
Lo bueno es el decreto para el Himno Nacional
El "Gloria al bravo pueblo" ya es constitucional
Se logra así la gran celebración de su centenario
Al Libertador le celebran al fin todo aniversario

Antonio Guzmán Blanco viaja otra vez a Europa
Y deja a su último fiel hombre es que ni lo arropa
Allá en Francia, es que muere el Guzmán Blanco
Queda el general Hermógenes y Rojas de su bando
Juan Pablo Rojas después uno de sus fieles se revela
Como un anti Guzmán y esto aquí se pone de novela
Estatuas de los dos Guzmán son dañadas y tumbadas
El pueblo muy enojado, les dio sus buenas acabadas

Juan Pablo Rojas es el nuevo presidente civil
Después de fiel fue con los Guzmán es un vil
A todos los presos políticos les dio su amnistía
Y lo bueno en la parte de la salud él la asistía
También creo y construyó el hospital Vargas
Con atención de monjas, todo personal y cargas
Solo estuvo a cargo dos años con este mandato
controló a todos los militares y hasta en desacato

Todos los heroicos militares y generales
Que lucharon con Bolívar y sus ideales
Para una Venezuela que ya era liberada
Pero ya todos tienen sus tales cuartadas
Estos generales solo querían puro poder
Después de Bolívar ya nadie quiso ceder
Llamados liberales y los conservadores
pero en corrupción olvidan sus honores

De mandatario civil a civil por vez primera
Este presidente cree que está en caimanera
Su nombre fue un tal Raimundo Andueza
Para Venezuela si fue un dolor de cabeza
Se consideró un gobierno totalmente nulo
Este fue otro presidente que robó bien duro
Más que Mujeriego, jugador y muy bebedor
Todo un corrupto y el mejor aprovechador

Además de todos estos y otros vicios tenía otra ocupación
Reformar la gran constitución y continuar es en corrupción
Estas Reformas sin aceptación, así quiso solo perpetuarse
Atacó a Joaquín Crespo y de presidente no pudo quedarse
El pueblo protestó, y saqueos en muchos lugares se realizó
Andueza huye y Joaquín Crespo este gobierno lo finalizó
Un grupo de políticos logran poner el orden constitucional
Nombrando a Joaquín Crespo ahora presidente provisional

Con Joaquín Crespo ahora es el presidente
Se nombra es una asamblea constituyente
Una constitución similar a aquella federal
Para colmo sigue mandando es un general
Pero a pesar de todo, se logró más libertad
Prensa y partidos políticos tienen diversidad
Al final cierra con broche un fraude electoral
Ya que su Andrade, será su hombre pastoral

Para Joaquín, este Andrade es su favorito
Pero no lo querían, le decían colombianito
Así le decían, pero de presidente el quedó
El fraude electoral más grande así se dio
Pero al mocho Hernández esto no le gustó
Con sus lanceros y guerreros este se alzó
Joaquín Crespo como militar se enfrentó
Y el mocho Hernández en batalla lo mató

Con la muerte de este caudillo llanero
Andrade pierde estabilidad por entero
Muchos generales tienen aspiraciones
Entre Cipriano y otros en guarniciones
Culminando así el liberalismo amarillo
Pero llegando los andinos de caudillos
Armados con la invasión de los sesenta
Castro con Gómez a Caracas se presenta

Desde Capacho, Castro y Gómez fueron avanzando
Militares en camino sin ataques no seguían luchando
Este gobierno de Andrade ya estaba muy moribundo
Castro se aprovechó, poniéndole más que un mundo
Andrade ya estaba en su gobierno sin ningún respeto
Huye al exterior Andrade, no lo ayudó ni su amuleto
Así Cipriano Castro es que el poder pudo así negociar
Toma el poder Cipriano y Gómez, y que para mejorar

Andrade sale huyendo y Rodríguez ya si asumió
Fue presidente por horas ya que a Castro se lo dio
Es así que Asume Cipriano Castro la presidencia
Pero con gabinete amarillismo con su incidencia
Entre ellos el caudillo llamado mocho Hernández
Ofreciéndole Castro un ministerio para la honradez
Pero reacciona y según reconoce a sus enemigos
Ni ministerios ni tratos aceptó con estos andinos

Ya no son ni están los Paecista, ni los Liberalistas
Y mucho Menos los amarillistas, son los andinistas
Ya es Cipriano Castro, otro presidente autocrático
Cambio su ideal muy particular y nada democrático
Con todos los banqueros fueron viles y descarados
Por negarse a darles su dinero fueron amenazados
Pero Presos fueron llevados a la cárcel la rotunda
Con chantajes accedieron para salir de esa inmunda

Como cosa rara de esta y nueva revolución
Se le hace reforma otra vez a la constitución
La concesión Hamilton, Castro así lo anuló
Provocando insurrección que Castro motiló
Al general Matos atacó, Castro si lo venció
Con su ejército doblegado castro no perdió
La unión del dúo andinista esto si favoreció
Con sus ejércitos Castro y Gómez prevaleció

Le llamaron el gran ejército de la libertadora
Pero logró, fue una gran derrota devastadora
Por no tener buenos acuerdos en sus mandos
Todos eran los jefes de sus diversos comandos
Eran ejércitos de godos, amarillistas y liberales
Grupo formado por la servidumbres y caporales
Doce mil hombres sin ninguna tal preparación
Derrotados por seis mil con buena organización

Inglaterra por su pago no dado, lo bloquea
Un bloqueo naval que a Venezuela le marea
Cipriano Castro una tregua es que se plantea
Con su habilidad ya sin bloqueo algo planea
Realizó la liberación de los presos y exiliados
Esto solo para simular que es ahora un aliado
Sin dejar atrás sus grandes ideas autocráticas
Con estas ideas que pondrá pronto a practicas

Cipriano lo llamó es el fiero caudillaje
Acabó con todo insurgente y su pelaje
Es el fin de estas tales guerras civiles
En el país generaron miserias hostiles
El león de dos cabezas su garra afina
Dejando un único poder que contamina
Con grandes caprichos y sus mandatos
Comienza esta autocracia y sin tratos

Para Castro hay un clamor nacional
Y es hacer la reforma constitucional
Es la pobre de la constitución vigente
Que ni opina ni su pueblo ni su gente
Con todo un congreso constituyente
Violando leyes y todo lo pertinente
Autogolpe de estado es considerado
De Castro y Gómez fue planificado

Con un congreso muy bien acomodado
La mayoría generales muy beneficiado
Quienes rendían a Castro toda lealtad
A Castro pleitesía y más que amistad
Hasta título a Castro quisieron otorgar
De "Restaurador" lo quisieron nombrar
De alcahuetes los ministros y gabinete
Prestándose para dictadura como cadete

Cipriano con una presidencia no segura
Y sale con el movimiento de la conjura
Estaba seguro de que había conspiración
Hasta creó un movimiento de adulación
De sus más allegados ellos lo aclamaron
Se enfermó y estos supuestos lo cuidaron
Era Juan Vicente Gómez para desconfiar
Ya sabía que este lo quería era traicionar

Cipriano Castro es apodado como "El Cabito"
Pronto se enferma y este se pone muy malito
Después de abusar de todo tipo de banquete
Alcohol, fiestas, con su cuerpo fue zoquete
Tuvo que viajar obligado hasta la Inglaterra
En busca de mejorar su salud, deja su tierra
Ya recuperado intenta a Venezuela regresar
Pero esta su tierra natal jamás él pudo pisar

Pobre cabito es que fue tan malvado
Por Gómez su amigo fue traicionado
Fue todo el típico malvado y dictador
Para Venezuela fue otro embaucador
Murió, seria por castigo en otra nación
Sin libertad y con toda la peor traición
Ay cabito el dictador, el pobre Castro
Te trataron como si fueses el peor trapo

CAPITULO V
MILITARES MODERNIZADOS Y ASTUTOS

Se da desde un golpe a otro golpe
Es Venezuela maltratada a galope
Inventando el tal ficticio complot
Que su asesinato alguien lo planeó
Este es Gómez, es el otro dictador
Le hizo un juicio al tal restaurador
Todo un mentiroso y un habilidoso
Manejó comandos, fue un poderoso

Gómez creó un gabinete de intelectuales
Mando a las guarniciones a sus generales
Utilizó con mentiras la fuerza extranjera
Para evitar a Castro y como sea exagera
A la constitución otra vez nueva reforma
Para darle a su dictadura la mejor forma
Como también a sus nuevas ambiciones
Con el poder y evitar posibles traiciones

Este es Gómez, quien tenía todo un adulador
Sintetizando "Gómez Único" a él usurpador
Este fue su fiel e incondicional, el secretario
De apellido Vivas tan cruel era su partidario
Hasta se pronunció el "mocho" Hernández
Criticó a Gómez su traición sin darle alarde
Gómez solo quería para él, todo este poder
quitaba de en medio, sino cumplía su deber

Juan Vicente Gómez llega con nuevo gobierno
El primero con un golpe de estado, nada tierno
En Caracas sus cómplices tomaron los cuarteles
Arrestaron ministros y generales por ser infieles
Gómez lo valida, según querer Castro asesinarlo
Enjuicia a Castro que no está presente y culparlo
Por un telegrama de amenaza que jamás apareció
No hubo prueba solo su palabra y así lo enjuició

De EEUU, Gómez solicitó apoyo naval e intervención
Evita la entrada de Cipriano Castro a su propia nación
Cipriano muere fuera recibiendo una inmensa traición
De su fiel amigo el andino con su plan a la perfección
Otro presidente llega, otras reformas a la constitución
Busca es darle otro vil sentido a su cruel conspiración
Logrando ser el mandatario, dice que será provisional
Pero sin dejar de controlar a todo el gobierno nacional

Se libra de los ministros del liberalismo amarillo
Quedándose solo con los intelectuales de novillo
Recibe duras críticas y conspiraciones militares
Pero también elogios de su secretario y similares
Así se inicia una nueva y conspiradora dictadura
La Venezuela, vivirá ahora otra época muy dura
Es la nueva conspiración de Delgado Chalbaud
Gómez la atacó, la controló y también la acabó

Para su segundo periodo Gómez ya tenía poderes
Solo se cumplían sus llamados y únicos deberes
Venían ya según las leyes, las nuevas elecciones
Para evitar elecciones inventa que hay invasiones
Toque de queda y suspende garantías ciudadanas
Con un decreto y no hay elecciones venezolanas
Ya es un mal hábito cada reforma constitucional
Solo para continuar con su poder a nivel nacional

Coloca en su segundo periodo al mando su testaferro
Que lo maneja y lo controla como a su propio perro
Es Victorino Márquez será el presidente provisional
Y Gómez se nombra como jefe del ejército nacional
Para controlar él mismo, estas nuevas insurrecciones
Lo logra con éxito, evitando unas cuantas invasiones
Aplica un psico terror policial con apoyo extranjero
Desarman por completo a la población y al granjero

Juan Vicente Gómez, fue aquel astuto andino
Fue con su y que amigo Castro el más ladino
En este periodo mantuvo un control absoluto
Algunos militares y civiles les puso fue luto
Esto le llamó el control de toda delincuencia
Con Policías especiales hacían esa diligencia
Todos los opositores tenían la vida carcelera
Esto lo llevó Gómez con dictadura pistolera

Gómez ya con su dictadura muy consolidada
Su periodo final de mando fue toda blindada
Con militares y cadetes ya son profesionales
Con sus armas ya nuevas, sus fieles oficiales
Compradas con los nuevos recursos petroleros
Y los controla como aquellos fieles jornaleros
Creando con familiares esta dictadura vitalicia
Con dos presidentes suyos, esta fue su delicia

Con una persecución y desaparición sin compasión
A todos los del congreso si no acataban su decisión
Este Gómez fue jefe militar y a la vez el presidente
Su hermano y su hijo fueron los dos vicepresidentes
Esto si parecía la dinastía de los hermanos Monagas
Donde todo presidente hace lo que le vengan ganas
Nunca ellos han de respetar a ninguna constitución
Hasta cuando en Venezuela existirá esta corrupción

Este apoyo extranjero no era para y por el dictador
Sino por el petróleo al que es su mejor consumidor
Gómez colocó la producción de petróleo en regalía
Este lo uso para buscar con ese país que lo apoyaría
Ahora se repite una historia así, hoy en Venezuela
Por un apoyo al poder han regalado hasta la abuela
Petróleo, el oro, el diamante y los demás minerales
Lo regalan a otras naciones y a todos los generales

Nace una revuelta en 1928 llamada la generación
Estudiantes universitarios causaron preocupación
A Gómez lo sorprenden estos jóvenes estudiantes
Ellos tenían sus ideas democráticas determinantes
Rómulo, y Jóvito voces de rebeldía de la dictadura
Apoyo nacional de jóvenes se dio, trae envergadura
Preso Gómez los metió, pero el pueblo los defendió
Protestas la sociedad y quedan libres, Gómez cedió

Unos estudiantes quedaron fue detenidos
Otros del exilio no serán ya bienvenidos
Ni Chalbaud con toda una embarcación
No logró vencer con toda su tripulación
Derrotar esta larga y amarga dictadura
Con poca organización y fea estructura
El General Chalbaud muere en la lucha
Fue un General valiente y sin capucha

Gómez poseía su policía llamada "La sagrada"
Fue la represiva, de asesinos estaba consagrada
De esta dictadura esta fue esa fuerza y el terror
Para Gómez estos policías lo hacían con honor
No hubo rebelión ni un grupo que lo derrocaran
Solo la vejez es quien dejó que si lo arrancaran
Por fin sale Venezuela, de esta fuerte dictadura
Gómez murió, al fin se acabó esta mala atadura

La de Gómez, es la dictadura más larga
Que Venezuela ha tenido y muy amarga
Él llegó con Cipriano, fue un autocrático
Con ambiciones y para nada democrático
Apoyado por aquel nuevo auge petrolero
Con todo un ejército, pero de bandoleros
Sigue muriendo en el país, linda libertad
Un retroceso que no se llega ni a pubertad

Juan Vicente Gómez deja precursor
Nunca supo que no sería su sucesor
Este es su ministro de guerra y minas
Con dictadura, Eleazar¡ no caminas
Fue nombrado presidente provisional
Y a la Venezuela le fue muy servicial
Su inteligencia conlleva sabia decisión
Apertura una democracia en transición

Sin esperarlo y no al azar, es que llega ahora es el General Eleazar
Liberando al fin a libertad, asomándose la democracia y la bondad
Con muchos y locos tropiezos, la milicia da es buenos comienzos
Eligen presidente en democracia, alejando lentamente la autocracia

Ay con el General Eleazar¡, sin problemas es que no pudo pasar
En toda su buena presidencia obtuvo más que mucha incidencia
Huelgas y protestas por la producción del petróleo y sus rentas
El programa de febrero salía y problemas al pueblo se lo resolvía

Nacieron partidos políticos y estos no venían del neolítico
Demócratas y comunistas, iniciaron elecciones partidistas
La participación que nutre a muchos hasta más de un ilustre
Se lograron elecciones centralistas por ser las parlamentistas.

Con Eleazar hubo mucho desarrollo, pero también mucho royo
Las principales ciudades crecían, igual las zonas rurales padecían
Con enfermedades mortales y analfabetismos en todas las edades
Muchas instituciones nacían y combatir lo que los pueblos sufrían

Le fue complicado poder gobernar, pero logró al país mejorar
Fue militar y político ejemplar, muchos le tendrían que envidiar
Uso inteligencia y cordura, aspirando democracia y no dictadura
El modelo Gómez lo desechó y las leyes se aplicaron al derecho

Abriendo y cerrando puertas, esto lo logró Eleazar es dando cuentas
Restituyó las garantías de la constitución, es exigido por la población
Llegaron los exiliados y salieron de las cárceles todos esos apresados
Al mar lanzaron los feos grilletes, había alegría como festín de billetes

Demolieron la espantosa rotunda, esta fue una pesadilla muy profunda
Nacen federaciones estudiantiles universitarias con tendencias unitarias
Periódicos y revistas en fundación, nace la hermosa libertad de expresión
En la historia del país fue renacer, se disfrutó nuevo gobierno de placer

Se hizo una nueva constitución, trajo a Venezuela una mejor evolución
Prohibió la doctrina comunista cuidando la independencia con precisión
No solo el congreso era quien elegía, al género masculino se le permitía
Instituciones militares con valentía, a la constitución y soberanía defendía

Se agregó la Guardia Nacional para mantener mejor el hilo constitucional
Surgieron huelgas y protestas, pero se acababan los gomecistas de profetas
Formación de militares profesionales, mejor moral, ética y más intelectuales
López Contreras aplicó su sabiduría, quería una democracia y no era tontería

Venezuela ya tiene su banco central
Como toda una república ya federal
También logra algunos ministerios
De salud y de educación más serios
Obtiene su primera ley del trabajo
Con sus sindicatos legales del carajo
Atención y derecho para todo niño
Así para todas las mujeres con cariño

Se logran muchas mejoras sociales
Y para gobernar cambios mentales
Se logra obtener un sistema pacifico
De autocrático a uno ya democrático
Solo bastó amar y respetar su patria
Ese fue Eleazar que paso por la Catia
Fue un ser inteligente y quizás honesto
Un presidente honrado y muy modesto.

Isaías medina Angarita no llegó del viento
Sino del juicioso y este nuevo parlamento
Este también viene de la academia militar
Creada por Gómez y se creía algo similar
Otro presidente que fue igual otro general
Muchas personas pensaron que era visceral
Pero fue un presidente de un todo lo contrario
Bondadoso, muy positivo en cada comentario

Con una política pluralista y con liberalización
Que hasta a los comunistas les dio participación
Sin represiones políticas a ninguna otra persona
Le marcó un precedente que parecía de corona
Hubo apertura de enlaces a nivel internacional
Esas relaciones favorecieron a un nivel nacional
Se realizó una nueva Ley de los Hidrocarburos
Con mejoras en lo laboral y producción sin apuros

Muchos beneficios para los trabajadores
En producción petrolera y sus alrededores
Se logró con el petróleo buenas bonanzas
La industria petrolera aportaba ya finanzas
Unificando leyes de concesiones sin royo
Venezuela cada día iba en buen desarrollo
Dignas casas al venezolano se construyen
Para el Silencio en Caracas se le atribuyen

Ni mi amiga Santa Rosalía, había ganado esta y tanta regalía
Como en la Ley de Hidrocarburos, que fue un proceso tan puro
Aumentó en el país la construcción y regresa la tal corrupción
Bueno que hubo petróleo, que le pinto a muchos la vida de óleo
Salen leyes y más reformas y esto se complica como sus normas
Iniciando el voto como derecho, pero esto no estuvo bien hecho
Medina no pudo con el levantamiento, se ganó un derrocamiento
No merecía derrocamiento, se pudo evitar con buen entendimiento

Al final Medina lo evitó, con su completa rendición
Y no hacerles daño a compañeros de su guarnición
Entregándose y se va al exilio con López Contreras
Los que modernizaron a Caracas y a las petroleras
Dos personajes que marcaron bases de democracia
Realizaron sus gestiones con audacia e inteligencia
Que decidieron no seguir con dictadura implacable
Que les validaron a ciudadanos derechos deseables

Qué lástima que no existía esa asertiva comunicación
Quizás aquí gesta la próxima dictadura de embarcación
Es justo que todos los venezolanos si voten en elección
Evitar toda la reelección de coyuntura de una selección
Que se respeten los derechos de militares profesionales
Solo bastaba con hacer unas reformas constitucionales
Y si ya la pobre constitución tenía decenas de reformas
Solo eran cambios electorales sencillos ni de plataformas
Fueron dos presidentes generales que respetaron la nación
Serán recordados por sus buenas gestiones a la población

Este es el derrocamiento del mes de octubre
De aquí en adelante esto se hará costumbre
Y unos cuantos forman una junta cívico-militar
Muchos quieren el dinero fácil para el caviar
Será presidida por unos de la generación del 28
Del partido de adecos que fue del octubre 18
Betancourt con otros intelectuales y militares
Duró poco la buena libertad y sus particulares

Venezuela continúa aun con muchos tropiezos
Solo se piensa en que tenga buenos comienzos
Rómulo Betancourt y nueva junta cívico militar
Nadie sabe ni conoce quiénes van a poder titilar
Hubo muchas labores y trabas muy complicadas
También políticos al exilio que salen en voladas
Venezuela necesita un nuevo y buen presidente
Se creó para elegirlo una asamblea constituyente

Es una junta revolucionaria con muy pocas asperezas
Que duro dos años con políticos civiles de fortalezas
Por sectores diversos había optimismo y la confianza
Con programas, decretos y elecciones con esperanza
De vivir en una verdadera y única buena democracia
Con militares molestos que darían su toque de gracia
Realizan elecciones democráticas de total participación
Voto universal, directo y secreto, y nueva constitución

Es ganador con los adecos Rómulo Gallegos presidente
Con un partido de poder su triunfo fue más contundente
Más de cinco décadas un presidente civil es ahora electo
En la amada y linda Venezuela no todo es muy perfecto
Este Gallegos, como presidente solo mandó unos meses
Unos meses de continuidad de su tocayo que extrémese
Abuso del poder, la corrupción y todos los malos vicios
No eran los acuerdos y molestó a militares en servicios

Este embarazo de Gallegos, pario fue un derrocamiento
El sonido de sables le dio la sacada sin el entendimiento
La Junta militar de gobierno que llegó de manera pasiva
Sin derramamiento de sangre que terminó toda agresiva
Realizan un golpe de estado acabando con la democracia
Estos militares llegaron para mandar con pura autocracia
Un modelo gomecista, pero más profesional por su grado
Para todos los partidos políticos esto no les es de agrado
Según golpista el país no está preparado para democracia
Solo era lujo, eliminaron el congreso, y llegó la desgracia

Rómulo Gallegos no fue corrupto y menos dictador
Fue el presidente legítimo y apreciado gran escritor
Por vez primera el ciudadano eligió a su presidente
Se esperaba por su pueblo que fuera muy excelente
Con su congresos y asamblea legales bien formados
Gobierno con varios personajes muy bien preparados
Don Rómulo Gallegos¡, lo bueno nunca jamás dura
La Venezuela aun será perseguida por una dictadura

En Venezuela quienes tengan las armas quieren es el poder
Derrocamiento a Gallegos tres militares si lo supieron hacer
Tres tenientes coroneles, tomaron estos cargos ellos solitos
Suspenden la constitución y desarticulan a partidos políticos
Eliminan todo organismo, también medios de comunicación
Marcos Pérez Jiménez militar de artillería y de conspiración
Carlos Delgado Chalbaud y Luis Lloverá como camaradería
Con el propósito de crear gobierno militar y llega la cacería

Ese modelo gomecista, Delgado Chalbaud no le tenía simpatía
A Marcos Pérez Jiménez ya este le molestaba y nada lo quería
Quien deseaba elecciones democráticas y un día fue asesinado
Las esperanzas de retomar la democracia se habían distanciado

Los partidos políticos se metieron todos a la clandestinidad
Se creó una policía nacional que trabajaron sin la dignidad
El presidente de la junta asesinado y sustituido por un civil
Germán Suarez fue su cortina de humo para tomar el carril
Siempre fue Pérez Jiménez ese hombre fuerte que ordenaba
Artesano de la dictadura usaba su cortina, así lo coordinaba
Era tanta la represión que las cárceles no se daban su abasto
A Guasina enviaban, isla inhumana mortal para menos gasto

Pobre Venezuela sin liberarse de los militares dictadores
Llegan tiranos por las riquezas del país son depredadores
Traidores, viles, dominando y controlando sus poblados
Ahorcando a la apreciada libertad y son como malvados
Los militares debajo de ese uniforme tendrían es malicia
Con sus uniformes es su divisa y le dan es esta primicia
Llega un nuevo tirano de la nueva y profesional milicia
Es marcos Pérez Jiménez con su dictadura ya es noticia

Se instala nueva asamblea nacional constituyente
Para estos será ley, solo la asamblea será creyente
Marcos ahora es nombrado presidente provisional
Se sabía a lo que este venía, con un interés personal
Se promulga en el país otra y nueva "constitución"
Este capricho de este dictador, causó es revolución
Destacando su interés, ya marcos no es provisional
Es presidente ahora de Venezuela y constitucional

Caracas crecía muy armonizada y cada obra que la modernizaba
Instituciones y avenida que a sus visitantes les daba la bienvenida
Caracas linda capital como crecías, sin saber que luego padecerías
Caracas creció con totalitarismo acentuándose allí el comunismo

Realizó una nueva constitución, claramente no era para la población
Con temas muy disyuntivos, porque era solo para el poder ejecutivo
Tenía un artículo con claridad, para ejercer fácilmente su autoridad
Con más artículos malos que buenos, que no servían ni para un duelo

Muchos programas sociales, fueron llevados por buenos canales
Mejoramiento social pertinente, creando el trabajo independiente
Hasta la población del inmigrante, a Venezuela la puso es grande
Inversiones en las industrias, en las petroleras y las siderúrgicas

Ha llegado el policía Pedro Estrada, y no es una buena entrada
Políticos que detienen, y con montón de torturas se entretienen
Con mucha ambigüedad, Estrada comunica que no hay crueldad
Al presidente dicen asesinar, por eso a muchos han de encarcelar

Se fortalece una oposición con muy buenos argumentos
Democráticos y a Marcos le vienen son unos tormentos
El país crece en urbanismo y también en toda economía
Pero padece en lo social se destruía, ya nadie se lo creía
Restricciones, abuso de poder y sin libertad de expresión
Dicen que se sentía si la vida perdieras con esa represión
Padecían de torturas inhumanas y de los graves maltratos
Era un país que morías sin los derechos sin buenos tratos

Esto lo hacia la policía llamada seguridad nacional
De ellos solo se recibió represión y daño irracional
Se tenía un gran congreso nacional ya sin su poder
Si se quejaban o alzaban el régimen no iba a ceder
Todos los acuerdos de las elecciones presidenciales
Ya eran bien directos para Marcos, muy especiales
Usurpa como siempre fácilmente con un plebiscito
Y se nombra ganador como presidente, este solito

Marcos con la corrupción de la usurpación
Crea conflicto y enojo a toda la población
Se unen también estudiantes y empresarios
Protestaron dia a dia por estos mercenarios
Como siempre irrespetaron la constitución
Esto es considerado otra marcada violación
Al tercer día de esta huelga pasa incidencia
Marcos huye del país dejando la presidencia

En busca de una buena y sana democracia
La junta patriótica hace el toque de gracia
Al fin¡, las fuerzas armadas con esta unión
Exterminaron a toda la malvada revolución
Nuevamente la Venezuela huele la libertad
Pero a ver si así logra llegar a esa pubertad

Los partidos políticos se unieron
Para sacar al tirano y si pudieron
"Junta patriótica" así la llamaron
La democracia ellos conformaron
Amnistía y unas elecciones libres
Con los políticos de altos calibres
Con esa huelga general convocada
Fue la dictadura ya bien derrotada

Firmando estos políticos el pacto de Punto Fijo
Reunidos lo hicieron y todo lo que aquí se dijo
Afianzar con un trato muy seguro la democracia
Para que Venezuela no tenga más esta desgracia
Sacan a los de izquierda para mejor convivencia
Los comunistas no participarán en la presidencia
Apoyaron la democracia van a la clandestinidad
Llamados Guerrilleros los comunistas y afinidad

CAPITULO VI
FUE LLAMADA LA DEMOCRACIA

La democracia con firmeza se consolida
El autoritarismo por fin es que se termina
Los escasos grupos guerrilleros avanzan
Buscando alternativas sociales y fracasan
El norte y la oligarquía la querían mantener
Solo por el petróleo barato querían retener
Los cambios sociales la democracia pedía
Y en Venezuela el ciudadano así lo quería

Tres partidos políticos de un Punto Fijo
Sin comunistas como en el norte se dijo
23 de enero llamado espíritu de unidad
Pero al final lo convirtieron en vanidad
Sin fiar en comunistas en esos momentos
Ya se habían sufrido los derrocamientos
Esta junta patriótica trae buenas medidas
Inicia una democracia y esta se consolida

Larrazábal el contralmirante de la marina asume el poder
Encabeza la junta militar y Pérez Jiménez tuvo que ceder
"Huyo el tirano" era lo que todos los periódicos titulaban
Marcos huye, la dictadura y abusos de poder culminaban
Todo el pueblo salió a las calles a manifestar con alegría
El pueblo liberó los presos y se sentían libres de rebeldía
Los esbirros huyeron del país y otros se fueron de retiro
Llegó paz y democracia sin que se suscitara un solo tiro

Para iniciar se conformaron dos juntas cívico militar
Una junta el pueblo la protestó, no tenía un buen pilar
Dos militares Pérez-Jimenistas obligados a renunciar
Asumen complicidad, salida del país se pudo anunciar
De inmediato llegan los líderes políticos de sus exilios
Larrazábal inicia la organización del país con delirios
Se decreta en el mes de febrero un plan de emergencia
Subsidio para el control de crisis y asumir competencia
Causando daños morales y pérdida en el tesoro nacional
Se pudo disminuir presión y el descontento poblacional

Se manifiestan las molestias en unas partes de las fuerzas armadas
No se tenía un visto bueno para esta democracia sin estas camadas
Tierra y aire se oponían al mando de los partidos políticos y civiles
Querían sus pagos por sus riesgos y querían ser también los ediles
Pero en el ejército el líder era Wolfang Larrazábal fue de la marina
Se llegaron a buenos acuerdos y este marino es quien más domina
Incluyendo dos civiles a la nueva junta de gobierno cívico - militar
Visita no aceptada de Nixon norteamericano pudieron así delimitar
La población estudiantil protestó y esta visita del Sr. Nixon rechazó
Cambian dos civiles de la junta y a los estudiantes se le hizo es caso

El pueblo estuvo muy unido, evitando otro golpe de estado
Había un grupo de algunos militares que lo tenían planeado
Pero el pueblo quería era a Wolfgang Larrazábal al mando
Estos militares ni elecciones querían, sino solo su comando
Fue el general Castro León y varios militares con agitación
Al extranjero los mandaron y evitando asi una tal revolución
Prevaleciendo democracia al mando de Wolfgang Larrazábal
Con su popularidad tenía ganado respeto y nadie le alcanzaba

Después del famoso acuerdo del pacto de Punto Fijo
Estos partidos políticos no confiaban ya ni en su hijo
Llegaron las elecciones para una venida democracia
Salen los tres candidatos, cada uno con buena gracia
Wolfgang renuncia, deja encargado a Edgar Sanabria
Ahora es el presidente este doctor y no es por su labia
La junta de gobierno con tercera y su final estructura
Larrazábal, Caldera y Betancourt por la magistratura
Declaran a Rómulo Betancourt ganador sin incidencia
Ahora en democracia Betancourt toma la presidencia

La democracia, el gran sueño de muchos países
Que cuando gobiernan, se olvidan de sus raíces
Pericles lo dijo: es gobernar para todo un pueblo
Y lo dejan en el puro cuero, tirados en ese suelo
No hay un gobernante que salga es como llegó
Sale corrupto y millonario de todo lo que robó
El único fue Simón Bolívar que era acaudalado
Pero Bolívar termino hasta pobre y traicionado
Desde José Antonio Páez hasta en la actualidad
Venezuela lo que ya tiene son polis sin dignidad
Su formación militar ya no existe como era antes
Hoy gradúan malos estudiantes y unos maleantes

Gana las elecciones en democracia a una presidencia
Rómulo Betancourt como presidente toma conciencia
"El padre" de la democracia, muchos así lo llamaron
Logró la participación de casi todos los venezolanos
Elecciones libres y elegir un presidente en democracia
El respeto de militares a su divisa y honor sin autocracia
El padre de la democracia, a Betancourt así se le decía
Su gobierno con unos atentados, y no se le fue acabado
Aplicó su sistema de libertades, y mantuvo sus ideales
Mantuvo democracia, a Raúl Leonis entregó con gracia

Venezuela entra en la OEA y la OPEP como organización
Esto para el país fue un buen avance y una gran bendición
Evoluciona Venezuela y crece también en la construcción
De esta manera todo el país obtiene la mejor producción
Nuevas instituciones públicas y privadas y obras sociales
La educación mejora con buenos cambios muy especiales
Una nueva constitución democrática con la bandera tricolor
Por primera vez en ella se siente la libertad del libertador

El ideal del guerrillero venezolano
Lo engendró de un malvado cubano
Con una seria anomalía ideológica
Única del comunismo amorfo lógica
No le tienen ni piedad a la humanidad
Creen que son los únicos de la verdad
Crecen como la maleza del "corocillo"
Destruyen lo bueno y terminan de pillo

Cazan a todo nuevo débil y frágil estudiante
A la universidad se la llevan es por delante
Los manipulan con creídas ideas brillantes
Son solo montones de ideologías humillantes
Todo vil guerrillero termina es asesinando
Escondidos y con falso nombre caminando
Muchos abandonaron por ser causa perdida
Pero llegó la democracia les dio la despedida

Betancourt muy organizado con tiro de gracia
Imponiendo una segura y buena democracia
Estudiantes y profesionales como guerrilleros
Terminaron en este tiempo es como pandilleros
No les importó sus ciudadanos ni la humanidad
Solo el tal camarada y nada sobre una amistad
Con los comunistas no se negocia, pero ni gota
A ellos solo se les combate para darles derrota

Con intentonas querían acabar, pero en la democracia se pudo atacar
Mandaban a estudiantes a masacrar y sus mentes quisieron manipular
En democracia no hay fuerza armada que destruya a su patria amada
Garantizaron todo el orden público como sistema de libertades único
La democracia se fortalece y consolida, y el autoritarismo se termina
Los grupos guerrilleros avanzan, buscando alternativas, pero fracasan
Oligárquicos querían mantener, a los dictadores, pero no pudo retener
Cambios sociales la democracia pedía, y Venezuela esto lo conseguía

La esperada Democracia con Betancourt si se crece
Con el gobierno de Raúl Leonis este si se fortalece
Muchos partidos políticos y todos son participativos
Elecciones democráticas y ganan los representativos
En la democracia hay que saber es ganar y es perder
Pero hay unos cuantos que no lo saben es comprender

Continúa fortalecida la buena democracia con Leoni
Derrotando a los guerrilleros y a todo Vito Andolini
A este también se le dice, un gobierno de amplia base
Por tener un gabinete de partidos políticos de toda clase
Estos son solo Partidos políticos que sufren escisiones
Así es que nacen más guerrillas siendo malas decisiones
Otra intentona de entrada al país del Fidel el comunista
Armando a guerrilleros del país haciendo acto terrorista

Con la hidroeléctrica El Gurí se finaliza en su primera etapa
Electricidad para Venezuela este nuevo sueño ya se destaca
También con la tal firma del acuerdo por nuestro Esequibo
En Ginebra una reclamación que hasta ahora no hay destino
Finalizando este gobierno de Leoni y salen son los alacranes
Muchos partidos políticos con jefes salen como unos pranes
Pugnas, violencias entre ellos mismos y nacen otros partidos
Se las dieron de honestos ya con sus poderes fueron forajidos

Al fin gana la presidencia en la tercera Rafael Caldera
Con un rezo a Luis Beltrán y no a la casa de la pradera
Le dio una buena pisada para exterminar a la dictadura
Pero con la nueva constitución dándole es enmendadura
Mejoras y construcciones nuevas avenidas y autopistas
Así como también con conjuntos habitacionales a la vista
Se logró el tratado y acuerdo de guerrilla con pacificación
Los Guerrilleros en su mayoría regresaron a su profesión

Represa el Guri con segunda etapa culminada
Y Venezuela seria unas de la mejor alumbrada
Sale la ley de reformas para las universidades
Provocando protestas estudiantiles en ciudades
Hay Modernización en las telecomunicaciones
Desarrollo de grandes obras y construcciones
Como es el poliedro y hospital Pérez Carreño
Obras muy emblemáticas para todo caraqueño

Se les da cabida a los comunistas con su partido político
Este sufre divisiones todos querían mando para uno solito
Esto es lo que se llamó cuando Caldera una pacificación
Pero para muchos fue más un peligro y una claudicación
Era un permiso de entrada para todo partido de izquierda
En su otro gobierno indultó y al país termino en quiebra
Ay caldera como que eres la raíz del desastre comunismo
Venezuela en este nuevo siglo se le acabó el patriotismo

Elimina a la DIGIPOL Para ganar con el pueblo un puntaje
Era para control de los grupos subversivos y al malandraje
Pero sin comer cuento forma otro grupo de puro camuflaje
Lo llamaron la DISIP era la policía para evitar todo ultraje
Allanamientos con sus guardias nacionales a la universidad
Este era su modo para encontrar lo que se llamó pacificidad
Un grave error con la UCV, que se le hizo difícil controlar
Suspendieron las clases por las protestas no las pudo tolerar

El Dr. Rafael Caldera que culmina ya su mandato
Al partido adeco que ya tiene a Pérez de candidato
Cuentan que este Sr. adeco se llamó Carlos Andrés
Dicen que se caminó el país al derecho y al revés
Solicitó al congreso y aplicó las leyes habilitantes
Mejorando todos los servicios a muchos habitantes
A estudiantes la beca gran mariscal de Ayacucho
Esta se dio a unos tantos como gaita de maracucho
También un sistema de orquesta infantil y juvenil
Para todos los niños y jóvenes hay mejor porvenir

Con una excelente bonanza y un ingreso petrolero
El gasto público lo convirtió en tremendo reguero
Logró con el hierro y petróleo su nacionalización
Pero también se consolido una inmensa corrupción
Si que hubo funcionario con su paquete "mayamero"
Gozaron todos así, los de este gobierno por entero
Venezuela debía menos lo que valía un ají picante
Con esto lo quedó fue tremenda deuda exorbitante

Cuando este Pérez ocurrió esta buena bonanza petrolera
Pero loco de atar a gastar se puso y la lanzó a la papelera
Hubo aquel despilfarro de una manera muy irresponsable
Duro poco y se alargó este ficticio, no había un culpable
Entre esto caso Sierra Nevada solo el congreso sancionó
Cómplice de corrupción gran deuda externa se ocasionó
El continuo robo al país y la gente que se sentía muy feliz
CAP88 el ciudadano creyó que venía con el mismo matiz

Gana con la popular señora de aquella Caicagüita
De presidente Luis Herrera y toda plaga alimañita
Legando y acabando al banco de los trabajadores
Esto no lo perdonaron los corruptos devastadores
Llego ese famoso "viernes negro" sin compasión
Acabo con Venezuela esta su primera devaluación
Pobre democracia ya se inicia su retro-evolución
Viviendo en democracia y su más alta corrupción
Ya con el tal usado chino de RECADI tan famoso
Es que se hizo esta estafa y este robo asombroso
Fueron Muchos políticos que robaron las divisas
Estos atracaron y huyeron del país muerto de risas

Se encareció el costo de la vida con fuga de capitales
Las devaluaciones continuaban y al país eran letales
Luis Herrera considerado tan culto y un progresista
Con el uso de sus refranes logró ser solo un populista
Logró avances y sus cambios legales en la educación
El metro de caracas y muchas obras de construcción

Termina este gobierno como país rico, pero endeudado
Con todos sus políticos corruptos y muy acaudalados
Y llega otro adeco del bipartidismo a esta presidencia
Es Jaime Lusinchi con su "no jodas" su mejor decencia
Lusinchi "es como tú" si gobernó con todos sus adecos
Dejaron al país es quebrado con sus negocios perfectos
Usaron los dólares para crear sus empresas fantasmas
RECADI siguió pariendo millonarios por ser de panas

Pero ni la visita del PAPA no le dio compasión
Seguir acabando al país con esta su corrupción
Tan mentiroso fue es que un cuento se inventó
Como un comunista y que el banco lo engañó
Con el falso y refinanciamiento de la tal deuda
Huyó del país diciendo es "sálvese quien pueda"
Este es el presidente que fue un médico pediatra
Se suponía que un pediatra a los niños los idolatra

Este presidente llegó con una buena imaginación
Pero dejo al país de la democracia en marginación
Con todos los poderes y ministerios en corrupción
Tuvo al COPRE para buscar una buena solución
Con esta comisión e ideas siguió en corrupción
Reprendiendo críticas al periodismo con represión
Para un granito, su secretaria como primera dama
Periodistas sacaron a relucir y revelan este drama

A pesar de la cultura y educación en crecimiento
La represa el Guri comienza su funcionamiento
Hospitales viviendas y carreteras se construyen
Pero da es tristeza como la economía la destruyen
Jueces y militares se prestaron para jeeps ilegales
Usados en campañas y prescribieron como ideales
Este fue un gobierno de problemas fundamentales
Los gastos públicos se dieron de manera irracionales

Llegando otra vez, es Carlos Andrés Pérez a la presidencia
Soñaban con borrón y cuenta nueva, que fuera una creencia
Continuaban los adecos y todos no estaban muy contentos
A sus espaldas mando CAP, esta vez seguía mandamientos
Llega Carlos Andrés otra vez, su nuevo modelo económico
Planteando un nuevo mercado libre y lo cree muy armónico
Aumento de pasaje y gasolina sin subsidios y privatización
Pero cambiar hábitos de lo fácil a lo difícil causo conmoción

    Y a quién le iba a gustar esto como un baño de agua fría
    Es igual que en la actualidad, lo que dejó la clave del día
    Saqueos, heridos y muertos, esto lo llamaron el caracazo
    Se suspendieron las garantías, según por un por si acaso
    Insurrección popular manipulada a la zurda en el febrero
    Con "pueblo" descontento hay que quitarse el sombrero
    CAP no generaste ideas y fácilmente te dejaste manipular
    Por fondo monetario internacional, dejaste de ser popular

Con la deuda y la crisis que dejaron Jaime Lusinchi y Luis herrera
Las cosas se sabían que estaban duras y fue para salir a la carrera
Pero este pueblo solo quería lo que en tu campaña tú le prometiste
Tu promesa la comprometiste al FMI y se sintió que les mentiste
Solo se acrecentó en Venezuela es más la pobreza y marginalidad
Con ella la proliferación de delincuentes y por ende la inseguridad
Se evidenciaba por vez primera un récord de la inmensa inflación
Se podía ver y esperar seguro un pueblo camino a la destrucción

Los venezolanos adquirieron un salario con bajo poder adquisitivo
El paquete económico venia de todo menos un sueldo comparativo
Asomaban continuas protestas, cacerolazos se sentía preocupación
Este "gran viraje" lo que trajo fue problemas y su futura aprensión
Calificado como neoliberal CAP continuo la crecida deuda externa
Quiso enmendar aplicando su paquete y termino como en caverna
Llegó un intento de golpe militar por algunos de la fuerza armada
Se sorprendió todo el país con alzamientos militares de madrugada

    No solo de esto se valieron algunos militares y los cuarteles
    Sino también fue el inicio de la buena fama de unos carteles
    El cartel de los soles lo llamaron con un Guillen y Hernández
    Jefes antidrogas se iniciaron con sobornos y otras bondades
    También se prestaron para la compra de jeeps de los adecos
    Muchas otras cosas de corrupción y casos no muy concretos
    CAP llevado a la justicia del congreso encontrándolo culpable
    Apresado, el congreso nombró presidente interino a un notable

No solo fueron algunas protestas, también los políticos profetas
Había un congreso nacional, que cuadraba un tremendo accionar
De su cargo lo destituían, eran colegas políticos que lo destruían
Anhelan el tesoro Venezuela, capaz de traicionar hasta su abuela
Por las ansias del poder, en la política se juega todo hasta perder
El político su dignidad y sabiduría estos la manda a la tintorería
Nace un partido político el chiripero, como toda clase de trapero
Todos quieren de un mismo pollo y así se forma todo mal cogollo

En el congreso nacional deciden, nuevo presidente ellos consiguen
Es un ilustre historiador, es Ramón J. Velásquez el muy halagador
Con crisis económica culminó su interino de una manera armónica
Fue un trabajo de compromiso, muy valiente esto que Ramón hizo
CAP a casa por cárcel, con dos juicios a la historia ha de asentarse
Es la primera vez en la evolución que se acusa a uno de corrupción
Desde Páez hasta hoy día la mayoría han robado con gran emoción
Ninguno presidente en la historia, ni fue a juicio, ni pago su delito
CAP no escapo por inocente, él decía quién lo hizo fue un amiguito
Eso es lo que dicen también y que sus fieles y grandes compañeros
De seguro los más corruptos y los bombillos de los mismos luceros

Llega otra vez el obsesionado Dr. Caldera a la presidencia
Recogió aquel chiripero y de su partido perdió su decencia
Y con todo su mejor chiripero toma nuevamente el mando
Pero enfrentando la gran crisis financiera llega gobernando
Es lo que recibe de gobiernos anteriores y será su tormento
Busca es crecer con mejores beneficios sociales en aumento
Herrera y Lusinchi acabaron al país y su todo su fundamento
Llega es un paquete económico para recuperar el estamento

Continúa la buena corrupción como lo realizó el Banco Latino
Otros bancos públicos y privados se comportaron como ladino
El gobierno los auxilió con nuevos créditos que les otorgaron
Con FOGADE que los rescató, pero con el dinero se fugaron
A la gran mayoría de los ciudadanos ahorristas si les pagaron
Enormes colas para cobrar en dólares, algunos las cambiaron
Eliminando este control de cambio de las preciadas monedas
Compra y venta de estas divisas para sus ofertas y demandas
Al final FOGADE nació y terminó como un blanco elefante
Único para estar en la vil corrupción, desde aquí en adelante

A CAP lo criticaron y lo sacaron, por su paquete económico
No digas que de esta agua no tomare y seas tan astronómico
Terminó aceptando al FMI y BID con todos sus instrumentos
Al venezolano le vino el buen paquete, pero sin fundamentos
Hasta más de 500%, ellos terminaron aumentaron la gasolina
Esto no le gusto a ningún ciudadano y ni a mi amiga Antolina
Y para un remate nueva devaluación a la moneda venezolana
60% de aumento en servicios públicos, porque les da la gana
También logran privatizar unas empresas públicas del estado
Finalmente liberan las tasas de interés bancario con descaro

Todos los Programas con ayuda social son mejorados
Pero no deja de crecer la población de los marginados
Esto lo realizó fue el Caldera muy bien instrumentado
Esta fue la condición para poder estar bien financiado
Un nuevo plan que se creó para todo ajuste económico
Este lo titularon Agenda Venezuela, sonaba armónico
Algunos logros positivos se obtuvieron de esta agenda
Se pudo estabilizar el dólar y el aumento de la reserva
También muy buenos precios en producción petrolera
Esto ayudó a este gobierno de este presidente Caldera
Pero en este su gobierno nunca todo fue color de rosas
No cesaban las protestas estudiantiles entre otras cosas
Aumento del pasaje y el mal servicio que este prestaba
Inminente y alto desempleo que en el país se desataba
También fue implementado el I.V.A. como un impuesto
Crearon al SENIAT es para cobrar con gusto todo esto

Todo este chiripero de esa mezcla de muchos partidos
El ciudadano ya no confiaba los querían a todos caídos
Tampoco a la C.T.V, eran los más vendidos sindicatos
Mucho menos a esos congresistas, ni otros candidatos
El ciudadano estaba cansado de tantas falsas promesas
Olvidando al conseguir sus votos y dinero en remesas
Político astuto creó un partido y todo aquel que venga
Punto fijismo se fue al abismo y su trono es que tenga

Apoyado con más partidos con posición de izquierda
Esto fue llamado chiripero y su partido convergencia
Que otorgó el indulto a malvados militares golpistas
Que a sus compañeros asesinaron estos izquierdistas
Ay Caldera demócrata después que eras punto fijista
Te apresuraste y uniste con aquella sangre comunista
Ojalá vivieras para que vieras a tu país en este desastre
Abriste este camino a los comunistas como mal sastre

CAPITULO VII
LA RETRO REVOLUCION DE VENEZUELA

Estos que son de la izquierda donde todo lo hacen al revés
Dan un paso para adelante, pero tres para atrás como la ves
Dicen amar al marxismo, si es tan malo como el machismo
Idolatran al Lenin, sabiendo que eso trunca a todo porvenir
Defienden al comunismo, si Hitler atentó con el humanismo

Que mejor que un cronista para sí advertir
En lo que la Venezuela se ha de convertir
Después de tener es un sistema capitalista
A que sea un absurdo y sistema socialista
Iniciando como es un capitalismo de estado
Siendo ahora es un comunismo comprobado
Chávez a la unión soviética, sí que alagaba
Y al régimen cubano-Castro como elogiaba

Todo país desea y quiere es buen desarrollo
Así como la hermosura de un rio y su arroyo
Al apoderarse de sus medios de producción
Todo esto termina en total y vil destrucción
Esto fue lo que hizo la loca retro revolución
Acabaron con la Venezuela y su producción
Solo los de la cúpula se hicieron capitalistas
El ciudadano común un social marginalista

Todo ideal del comunismo es falso
Todo ciudadano termina es descalzo
Expropiaron las empresas privadas
Al obrero envolvieron con engañadas
Ahora lo que en Venezuela solo luce
Es un montón de empresas con cruces
Hay empresas públicas sin producción
Esto solo es producto de la corrupción

Con regalías ajenas para los ciudadanos es su tal esencia
Así es este vil comunismo, para comprar la consciencia
Arrebatándoles ilegalmente las propiedades a sus dueños
Sin importar sus inversiones, sus esfuerzos y sus sueños
No invierten en producción, llevando el país a su quiebra
Sin producción propia, sino ajena es camino a la tiniebla
Para completar la corrupción cargos públicos exagerados
Ocasionando con esto un montón de gastos descontrolados

¿Existen las leyes para la expropiación?
Pero vale un comino la actual constitución
No fue ni si quiera para mejor producción
Sino para fortalecer esta gran corrupción
Pero es que cuantas nuevas constituciones
Se necesitan para estas malas situaciones
Solo ellas han sido hábilmente corrompidas
Por bandidos Venezuela sigue con heridas

Ya no queda nada para seguir expropiando
Solo Empresas Polar que pasan acariciando
Quizás sea por sus excelentes trabajadores
No dejaron manipularse, no son perdedores
También la astucia de quienes las conducen
Siendo únicos en Venezuela que producen
Ya con productos de alimentos de alto costo
Su materia prima obtenida ya no tiene agosto

Esto sí se llama un total capitalismo de estado
Sus grandes estamentos los puso es de bocado
A la PDVSA le pusieron fue como una bisagra
CANTV y CORPOELEC es que no la consagra
Igual dañaron a la CVG con una gran recarga
Con una explotación del tal zar, muy amarga
Cientos de mercales y los abastos alimentarios
Que no funcionaron, pero ni para inventarios

PDVSA y CVG son de Venezuela sus estamentos
Que ahora se encargan de atender departamentos
Mercales, abastos y bonos, ninguno es su función
Pero, a esto, la puso esta vil y absurda revolución
No se dieron abasto para toda la cabal producción
Solo la dedicaron para la planeada vil corrupción
Y no hay ni de casa ni carreteras en construcción
Sin vivienda propia hay todavía mucha población

Así mismo hay un montón de televisoras
Que ni siquiera funcionan de precursoras
Con muchos centros y bancos financieros
Pero con unas cuentas corrientes en ceros
Sin olvidar aquel cementerio de transporte
Que a los ciudadanos poco les da un aporte
Ni se diga los hoteles públicos y turísticos
Son solo para ellos, ahora los nuevos ricos

Así se refleja esta dictadura de aventura
Fue todo a un costo y sin la abreviatura
Destruyeron la producción fundamental
Como la salud y la educación elemental
Con ellas los estamentos PDVSA y CVG
Ya sin producción y quebradas otra vez
Sin pena le realizó a CAP una intentona
Al final lo triplicó con todo y con corona

Por eso es que hay los dichos bien dicho
No critiques que igual eres más que bicho
Como es, la lengua es castigo del cuerpo
Y así terminaste siendo el mismo puerco
Aunque es peor cuando es el gran tonto
Lo agarra y hala como un mismo trompo
Mira Fidel no hales tan fuerte ese guaral
Pero le dio tan duro que le hizo gran mal

Tengo su petróleo, también su telefonía
Ay amigo, ya estorbas en su economía
Quizás seguro Chávez le dio un "parao"
Pero el Fidel no se quedó nada "callao"
Lo hicieron con su fiel camarada el Che
Que puede costar hacerlo una y otra vez
A Venezuela le tenían un buen mal plan
Zafarse de Chávez y meter al fiel del clan

Qué triste hacer un papel de gran idiota
Despedirse en el aeropuerto "La Carlota"
Sabía que iba a una muerte muy segura
Ya este San Fidel tenía mucha premura
Quería adquirir a la preciada Venezuela
Igual como a sus amantes y mujerzuelas
Ya venía más que una invasión cubana
Y el Chávez moría en su amada Habana

En su gran plan tenia a un maduro
Que este si le dio al país bien duro
Si el Chávez que si era venezolano
Que esperar de este vil colombiano
Que dolor por el país podría sentir
Aunque soy venezolano suele decir
Quizás por dinero, temor lo cubrían
Sino callaban su nacionalidad, morían

Este es lo que llaman el comunismo recio
Se basa en eliminar al que se ponga necio
Venezuela amada por cada día más perdía
Su jefe el militar a Fhidel le daba pleitesía
Comandos de los cubanos tienen el control
En la Guaira y Caracas para causar es dolor
Vestidos ahora como un militar venezolano
Para reprimir al pueblo son todos villanos

Muy buenos se creen estos, los comunistas
Para ellos y sus ideas creen que son bonitas
Ahora se inventaron un proceso estadístico
Como si fueran el fabuloso paseo turístico
Marcar y verificar casa que este "desocupada"
Eso es "robarlas" de manera muy descarada
Muy alegres sus pobres esclavos milicianos
Con este censo de robo se sienten codiciados

La mayoría de todos los venezolanos
Ha amado a su país y a sus hermanos
Ahora muchos han tenido que migrar
Para otras naciones se tuvo que viajar
Y no es por turismo, sino por trabajar
Su gente no come, de peso han de bajar
Sin importarle ese trabajo explotador
En esa nación sigue siendo un ganador
En busetas, en avión y de mochileros
Son venezolanos los valientes viajeros
Que lo hace y lucha por su gran familia
Ahora por buen talento es pura envidia
En estas naciones molesta su presencia
Por ser de Venezuela, su buena esencia
Tanto gusta los productos de importación
Sin saber que era producto de exportación

Lo único bueno de esta "revolución"
Es que el venezolano busca solución
Como homo sapiens va descubriendo
Con sus potencialidades en crecimiento
No lo merecen los niños ni los jóvenes
Todo por los corruptos y los cabrones
Hay que buscar ahora lo fundamental
Con actitud positiva que es elemental

También son valientes los que aquí se quedan
Unos por no querer irse y los que no puedan
Sin los servicios básicos se está aguantando
Todos los días ya parece que está delirando
Que comunistas, es que son tan descarados
Diciendo que hay de todo en los mercados
Venezuela con el peor salario en el mundo
La gran inflación y el comunismo inmundo

Sin lograr alcanzar el poder adquisitivo
El venezolano ya parece es un primitivo
Intentando como pueda para sobrevivir
Cada día ve más lejos lograr su porvenir
Mientras los políticos ya están bien ricos
Hay ciudadanos que mueren por los picos
La mayoría consume solo es carbohidrato
Acaba su colon y espera un paro cardiaco

Sin dejar los verdes atrás y que pasen muy adelante
Es este "leal" militar, ahora es el buen comerciante
Con sus cadenas de ventas, son unos distribuidores
Siendo estos, ahora los más grandes de estafadores
Comercializan de todo hasta alimentos por bultos
Son mayoristas con precios más que son insultos
Entre generales para abajo ya esto es más que ocio
Dicen amar al comunismo, es por este gran negocio

Al militar, su divisa es su honor
Pero su dignidad ya es un horror
No solo comercializa alimentos
Sino también los otros elementos
Así como es el hierro y el cemento
Y hasta todos los medicamentos
Ni se diga del oro y los diamantes
Se creen generales muy brillantes

Un general como sea, lucharía por la libertad
Porque es que antes se tenía mucha cabalidad
Ahora no tienen ni la dignidad ni los cojones
Estos cubanos sí que les bajaron los calzones
Ya quedan de militares muy pocos valientes
Pero ahora de los cubanos parecen sirvientes
Otros se mostraron quizás no ser muy unidos
Tuvieron que salir todos escondidos y huidos

Hay unos militares que esto si lo afirman
Que desertar es mejor a que los repriman
De cubanos están es llenos sus comandos
Que estos espían al que se está cuadrando
Quien mal critique el absurdo comunismo
Amenazas recibe por traición al patriotismo
Pobre de aquel militar si termina capturado
Es asesinado de forma lenta siendo torturado

Si quizás todos fueran combatientes
Como un Oscar Pérez y sus valientes
Quizás es más el miedo o el egoísmo
De no lograr completo protagonismo
Lo cierto es que los militares perdieron
A su pueblo de cómo lo reprimieron
ya no los ven con respeto y ganador
sino como un militar muy depredador

Hasta su único general llamado jefe
lo vendieron es por un bajo cheque
ahora los restos del gran Libertador
lo dejaron profanar por un estafador
este que engañó vilmente a su gente
y el buen corrupto como presidente
con estos fulanos cubanos santeros
que quizás son peores que los cleros

Simón Bolívar fue el único y valiente
Por eso su espíritu es puro y ardiente
Con tanto poder que quizás se levantó
Y pudo joder a cada uno que lo profanó
Dicen salió su alma y de ellos se vengó
Este profanador que bueno se extinguió
Militar que su nombre lo mal pregone
De seguro a ese que ni Dios lo perdone

Toda nación lucha es por su soberanía
Pero estos militares la dieron en regalía
Les entregaron el país a estos cubanos
Es vergüenza de militares venezolanos
También a muchos grupos guerrilleros
Llamados grupos armados y pistoleros
Es que la Venezuela está toda invadida
Entregaron la soberanía a gente bandida

Por los cuatro puntos cardinales
Ya están esas bandas criminales
Aquí ya todo es un dale pa"lante
Con cada militar narcotraficante
Esto comenzó con solo sobornos
Y ya todos se encuentran abordos
El número de militares ha crecido
A estas alturas están es fortalecido
Con cada jefe Militar y desalmado
A Venezuela como la han acabado

Destruyeron todo el arco minero
Y lo debían es proteger primero
Con esos delincuentes liderado
El ambiente si lo han destrozado
El brillante oro lo han saqueado
También ilegal lo han negociado
Y hasta los minerales nucleares
Para todos dictadores ejemplares

Hay dos crímenes en esta nación
Como la salud y la alimentación
A parte de destruir la producción
Abastos y mercales en corrupción
Venden las medicinas de hospitales
Sin importarles que son muy vitales
Con quita fiebre de esas integrales
Mueren en manos en los hospitales

Han muerto miles de pacientes
Por estos servicios ineficientes
No hay nada de medicamentos
Los quirófanos sin instrumentos
Mal higiene en estos hospitales
Contaminados sin signos vitales
Esto se vive en esta revolución
En hospitales hay full corrupción

El socialismo y comunismo van de las manos
para violar y acabar con los derechos humanos
No existen, ni permiten derechos a la libertad
Solo represión y muerte a jóvenes en pubertad
Tampoco el derecho a una buena alimentación
Hay desabastecimiento y precios en exageración
Ni se diga el derecho a la buena y segura salud
sin medicamentos asegurando quizás es el ataúd

Sin dejar atrás a la buena educación
para el comunismo es una perdición
Para ellos solo interesa la ideología
Más ignorantes mejor es su filosofía
En comunismo no vale la profesión
Solo su loca doctrina es la educación
Así se prepara es un pueblo sumiso
Que ni para su libertad pide permiso

Los servicios públicos ya no funcionan
y estos falsos alcaldes no lo solucionan
Ya no se aguantan las calles de basuras
No envían los recolectores los caraduras
Escasea buen suministro de agua potable
Ahora es semanal se creen muy amables
Ni se diga cortes a diario de electricidad
para que Caracas tenga mucha felicidad

En Venezuela los gastos son únicos
Se gasta más en empleados públicos
Se espera un aumento que anuncien
Y lo que se quiere es que renuncien
Esto es una de las estrategias cubana
para que se vaya el que le dé la gana
Estos comunistas jefes muy brillantes
Ya tienen el petróleo como diamantes

En ministerios se labora con sus uñas y diente
Y así les exigen todo un trabajo muy eficiente
Aquellos que quedan les piden con exigencia
Con un salario donde el pago es total carencia
Muchos aun en busca de una buena esperanza
Por un cambio político y una crecida bonanza
Que se acabe el falso y el malvado comunismo
Y se recupere todo en Bolívar y su patriotismo

Se elige una y muy legal asamblea nacional
Y para los del comunismo no le es funcional
Aquí hay un comunismo que pierden poder
Estos inventan una constituyente para joder
Crean y aprueban leyes que lo que pregonan
Sabiendo que todo lo que tocan desboronan
A nivel internacional dicen que es ilegitima
Mas diputados a pagar y su gasto ni escatima

Se realizan las elecciones presidenciales
Que para Venezuela les son perjudiciales
Son realizadas con atribuciones ilegales
Maduro crea unas leyes muy especiales
Este "presidente" nada que quiere ceder
Sino aferrarse a lo duro y usurpar el poder
El pueblo ni otros países no lo reconocen
Como "presidente" del país lo desconocen

En trabajo la legitima asamblea nacional
Nombra a Guaido presidente provisional
Usando legal las leyes de la constitución
En cabildo abierto el pueblo da aprobación
La sometida y débil de toda fuerza armada
Estos a Guaido no le hacen caso para nada
Ellos continuaron apoyando es a su maduro
Y pobre el que se oponga, le dan bien duro

Fueron muchas marchas y concentraciones
Muchos llevaron presos en manifestaciones
Se ofrecieron variadas ayudas humanitarias
Para que entraran con toda y su maquinaria
Pero el gobierno mostró fue pura dictadura
Cerro las fronteras con bloqueo y armadura
Mostrando su real cara toda bien descarada
Apoyado por la sumisa y falsa fuerza armada

Hubo toda una total y fuerte represión
Muertes a indígenas en esta revolución
Perseguidos como liebres por militares
Pemones huyeron para nuevos lugares
Hasta les violan los derechos humanos
¡Dios son venezolanos y sus hermanos
Solo querían sus medicinas y alimentos
Porque al país le robaron sus estamentos

La ley de todos aquellos dictadores
Es que estos son los más pecadores
A cada momento dicen una mentira
Porque palabras falsas su boca tira
Este país por completo lo arruinaron
Y la guerra económica se inventaron
Pocos pobres de mentes que si creen
La mayoría como dementes los ven

Como les gusta gastar en el Nueva York
Allí derrochan su buena inversión mayor
Ahí gastan todo este dinero robado patrio
Con su familia olvidando de aquel barrio
Pero tienen esos seguidores y camaradas
Todos idiotas con las orejas acampanadas
Mientras ellos con ese dinero se divierten
Hay muchos idiotas que aun los defienden

Una para aquel cantante, él es Ali Primera
Tus cantos inspiraron como una quimera
Hasta todas tus canciones ellos utilizaron
Como manipulación para la tal revolución
Que pedias justicias en la plena democracia
Y este comunismo trajo más que desgracia
No existió para ellos tu llamada revolución
Usaron tu canto para la pura vil corrupción

Ni los crímenes políticos ya se pueden destapar
Porque a los días tu familia te tiene que enterrar
Solo es por dinero, poder y toda esa impunidad
Con un tal coche bomba murió sin humanidad
Es aquel fiscal Danilo, un izquierdista y radical
En UCV fue brillante, en criminología mariscal
Investigaba asesinatos de aquel golpe el fallido
El mejor fiscal, pero no lo salvó ni su apellido

CAPITULO VIII
HUBO UNA SOLA VEZ UN HOMBRE AL REVÉS

Sale el Chávez llamado carismático
En la destrucción fue emblemático
Fue una colección y muy fantástica
De ideologías suyas y pragmáticas
Fue todo aquello llamado socialista
Engañó a su pueblo como populista
A todo el país lo enconó con engaño
Así el poder él lo ganó y lo empañó

Un partido político en el país él fundó
MVR, con sus camaradas así lo tituló
Todo el ideal del Libertador, sí utilizó
Por esto su futuro, es que se visualizó
Un populista como tal es capaz de todo
Hasta darle a su madre con todo y tobo
Por satisfacer su ego y ansias de poder
Finalmente, solo engañó hasta el joder

Encontró un polo patriótico que si lo apoyó
Es Chávez presidente y el con votos arroyó
Rompiendo aquel y repetitivo punto fijismo
Al fin se acaba la tradición del bipartidismo
Muchos tenían grandes y una fiel esperanza
Y no imaginaban que vendría una venganza
Un pobre resentido social y haciéndose rico
Es más peligroso que un joven con un perico

Ah mundo para esta y hermosa Venezuela
Aun sin nacer un Simón que si la consuela
Y solo te han utilizado, también saqueado
Hasta todos sus recursos lo han trampeado
Todo esto viene de décadas bien planeado
Para darle hasta con látigo por todos lados
No es una democracia y menos socialismo
Es el absurdo y malvado mal comunismo

Desde Betancourt le querían echar mano
Hasta que consiguió y que a su hermano
Un trato para conseguir subsidio cubano
Llego Fhidel y que para echarle una mano
Es de saber, que no viene bien el vividor
Es que se viene es como un conspirador
Aquí esta Chávez y más que 40 ladrones
Hay Fhidel ya encontraste a estos cabrones

Todos creían que era el hombre autentico
Solo un presidente traidor y muy patético
Solo obedecía a los caprichos a lo cubano
Sin importarle que él era solo venezolano
Llamaba siempre a todo pueblo mi gente
Y solo lo que fue un personaje negligente
Cambiando hasta la completa constitución
Para más poder y continuar en corrupción

Con una revolución pacífica y muy armada
Tenía hasta a la oligarquía bien amenazada
Es que no traía ningún proyecto para el país
Solo tomar poder y dominarlo desde la raíz
Ofreció hasta erradicar toda la gran pobreza
Lo que plantó y produjo fue inmensa tristeza
Decía que nadie ya se va dormir con hambre
Y ahora por esto mueren y no es de calambre

La sed de poder de este militar
A unos caudillos quiso imitar
Con la idea totalmente obsoleta
Este militar es malo de corbeta
Lo hizo igual en tal revolución
Porque ganó fue en corrupción
En este siglo lo llamaron la peste
Si destruyó al país de oeste a este

Este militar fue más que un troglodita
Todo un ambicioso y perfecto egoísta
Usos de jóvenes del ejercito inocente
Aprovechando de su rango de teniente
Argumentándose que era solo practica
Era su mentira, era el golpe su táctica
Fue más un intento de golpe sangriento
Y este Chávez no dijo ningún lamento

Y este fue su primer discurso con una gracia
Un sangriento golpe y no es a la democracia
Había centenares soldados inocentes muertos
Con políticos y generales fueron los acuerdos
Con ellos consiguieron todos sus armamentos
Fue un plan orquestado y buenos lineamientos
Esto Chávez lo tenía en plan de cuando cadete
Lo planificó desde CAP 1 y lo dejó permanente

Fue un soldado de izquierda de pensamientos
Adquiriendo estas ideologías y esos lamentos
Lo hizo realidad de cuentos de la abuela santa
Y de un tal familiar que lo llamaron maisanta
Pues hasta se creyó llegar a ser un libertador
Soñando cuando sea grande ser un liberador
No supo que Bolívar fue también democrático
Este es solo hombre de falacias y autocrático

Bolívar si dio toda su fortuna por su país
Y Chávez lo tomo con su cultura de raíz
Llenando siempre toda su boca de patria
Fue falso como la seguridad de la guardia
Este es otro militar que esta es al mando
Pero como todos termina al país robando
Ellos suelen decir mi honor es mi divisa
Con enormes cuentas cuando se les revisa

Como un llanero zapateaste tan duro
Que salió aquel gran chiripero abjuro
Y sale aquel oportunista del Caldera
Subió popularidad como en escalera
Aprovechándose de esa tal intentona
Es que ni el himno nacional lo entona
Con todos tus pecados, este te indulta
Ay Caldera, con esto al país lo insulta

Como este justifica aquella matanza
Solo buscando su poder y la bonanza
Para que le sirvió tanto ese intelecto
La ambición lo llevó a lo incorrecto
Como se vio, que el país no importó
Solo es por tener poder todo soportó
Pobre tal "moribunda" constitución
Y si fue buena para su tal liberación

No fueron dos sino unos centenares
Y también el dolor de sus familiares
Caldera, para que tantos tus estudios
Si lo que cosechaste fue este repudio
Asesinaste también hasta democracia
Un punto fijista con su tiro de gracia
Fieras has soltado y dieron desgracia
Al país lo acabaron con su dedocracia

Y fuiste Caldera quizás un envidioso
Lo último en tu mando nada virtuoso
De CAP quisiste esa tal popularidad
Y eso ni para él se le toma celebridad
Hasta dónde llega todo egocentrismo
Lleva hasta donde sea al oportunismo
Es que ambos fueron un mal evolución
Pero esto fue solo para una corrupción

Chávez se aprovechó de los pobres
De toda su destrucción y sin cobres
Aprovechó la corrupción y chiripero
La marginalidad ardía como candelero
Primeras elecciones Chávez si arrasó
Pero a Venezuela al final si la atrasó
Con una clase política no alimentada
que por todo el pueblo fue detestada

Ay llano lindo, amado e inspirador… ¡
Has mal parido es otro conspirador…
Llegó utilizando fue el fatal populismo
Pero fue peor que todo un paludismo
Se veía muy inteligente y muy cordial
Y solo mostró ser un resentido social
Hasta un Castro lo uso como monigote
En busca del petróleo y oro por lingote

Desde la cárcel recibió sus ofertas
Que no le causaron ni molestias
Entre ellas fue la de un tal Fhidel
Y aceptó ser su hombre muy fiel
Con sus enviados de kico y tilita
De los Castros le hacían la visita
Apoyado con Castro y la guerrilla
Se arma de candidato de pesadilla

Fue en Cuba que a Chávez lo formaron
Quizás sin el saber, allí lo exterminaron
Llegando tuvo recibimiento apoteósico
Donde todo cubano lo creía un heroico
Pues con esto él se creyó ser socialista
Para Castro su pase a ser un capitalista
El Castro le facilitó todo lo que se pudo
Porque sabían que al final le daría duro

Sale desde un estado del interior
Y Chávez, se creía muy superior
Sin importarle ni quien se muera
Al fin de lograr solo lo que quiera
Indultado lo saca es este Caldera
Su popularidad nace desde afuera
Castro consigue este buen amuleto
Al país le viene es el mal completo

Una revolución llamada una peste
Como envidian a la gente del este
Con inmenso resentimiento social
Jamás sería una persona racional
Se aprovechó de toda esa pobreza
Como manipuló mente de cabeza
Con las ordenes e ideas del Castro
Quien sepa razonar sale de espanto

Caldera, dejaste un pueblo hambriento
Y a todos ellos, con muchos lamentos
Pero dejaste libre a ese, el de sabaneta
Ofreciendo platillos y el bombo- neta
Dejaron un pueblo herido y engañado
Con este llanero se sintió esperanzado
Ya hasta CAP dio su fatídico presagio
Como Shakira votaron, ganó en sufragio

Con este, el de sabaneta en el trono
Las divisas desaparecen sin retorno
Llamó moribunda a la constitución
Pero esta le sirvió para su liberación
Llamó a todo el pueblo a una unión
Para aprobar una nueva constitución
Con la nueva asamblea constituyente
El pueblo aceptó, y fue muy creyente

Llegando al poder con su tal progreso
Llegó eliminando es hasta el congreso
El país elige la asamblea constituyente
Es la nueva constitución de esta gente
La pudo bautizar la nueva revolución
Para poder crear la nueva constitución
Hay algo claro que no tiene discusión
Es que comenzaría la peor corrupción

Por pertenecer a las fuerzas armadas
Su poder acrecienta a sus camaradas
No hay ninguna democracia armada
Si no la mejor democracia disfrazada
Lo es un dicho, Zapatero a su zapato
Lo que llegó es la dictadura para rato
Con aquella doctrina de aquel Fhidel
Llega a Venezuela una dictadura fiel

En Cuba solo hay Fhidel y su ideología
Para estos el pueblo es una porquería
Un pueblo que sufre es una vida dura
Eso es lo que se logra en la dictadura
Todo aquel que dice ser un socialista
Es solo para tomar el poder capitalista
Todo mandatario viene de una pobreza
Terminan ricos, pero pobres de cabeza

A pocos meses de su nuevo mandato
Chávez olvidó cuando fue candidato
Hay expropiación y cambia discurso
Se ve la dictadura que viene en curso
Ya está violada la nueva constitución
La no expresión y toda expropiación
Hay es descontento y un paro nacional
Marchas válidas a orden constitucional

Oposición y todo ciudadano en general
Con paros y marchas a nivel nacional
Una gran multitud en el puente Yaguno
Es la gran emboscada en maduro de uno
Es la nueva masacre del nuevo Chávez
A su propio pueblo lo masacra otra vez
Les cayeron a tiro frio a esa población
Nadie pagó esta fea y cruel aberración

Chávez fuiste una inmensa equivocación
Y para Venezuela fue la peor vil traición
Pudiste ser por Venezuela una adoración
Tenías el don, pero te gustó la corrupción
No respetó ni a Bolívar, ni la constitución
Y todo por Castro y su absurda revolución
Fuiste para este más que su papel sanitario
Hasta en Miraflores realizaste su santuario

Hasta hiciste tu renuncia a la presidencia
Llegaste otra vez con muy poca decencia
Comportándose como comunista militar
Y así comienza a mandar y nada familiar
Y todo político logra tener su persecución
Muchos son allanados y tienen aprensión
Allanaron la valiosa policía metropolitana
Que con todo su trabajo fue desmantelada

Crea con los estamentos unas tales misiones
Usando a PDVSA en grandes corrupciones
Muchas personas llegan para estas misiones
Para cobrar con solo hacer sus inscripciones
Se pagaba un bono a todos los participantes
Pero parecía era un negocio de comerciantes
Típico de los comunistas para dar es migajas
Y poder manejar toda personas como barajas

Él solo quiso de Venezuela sus riquezas
Al país lo llevó de camino a las tristezas
Este Castro fue más que una sanguijuela
Que ayudó para quebrar a la Venezuela
Sin dejar atrás a todos aquellos generales
Participan en una corrupción de solares
Ambos se apoderaron de los ministerios
Es el gran saqueo del siglo sin misterios

No solo con el dinero fue esta vil corrupción
También con Chávez y Maduro en elección
Con aquel CNE haciendo todas sus trampas
Son tan habilidosos que ni en eso descansan
Pero nada como esas elecciones del Nicolás
Aquí CNE con todos sus fraudes "descaras"
Pero es que ni Capriles la peleó, fue es na'…
Y que le pasaría que se calló y no dijo na'…

En seis, seis, seis y más años de corrupción
El comunismo en el país sigue en evolución
Todos los castros unen sus palmas y se frota
Pues es que tiene a la Venezuela y toda flota
La amada Venezuela como la descapitalizan
Y esta Cuba de buena economía se inmunizan

Comienzan los alimentos básicos a desaparecer
Se inicia la crónica de la miseria en su atardecer
Desaparecen decenas de todos aquellos mercales
También la destrucción de los abastos populares
Los ciudadanos inician por primera vez su travesía
No hay alimentos ni del gobierno la buena cortesía
Se realizaban enormes colas por alimentos a diario
No había la harina ni nada para el sustento diario

La calidad de vida del ciudadano desmejora
Y al gobierno no le importa si se le implora
Esto nada mejora ni al pasar por varios años
Este gobierno su intención es hacerles daños
La población de repente esta es falla de peso
Es un gobierno que no cambia ni con un rezo
Las enfermedades salen ahora es que abunda
Con unos hospitales con las camas inmunda
Sin hablar de todo el sistema de la educación
Hasta los que no estudian salen a graduación

Ahora llega un supuesto colombiano maduro
Que a la economía ahora le da más que duro
Este es el más sirviente de esos comunistas
Muy ordinario y formado por los castristas
Esta entre un mercenario y el intermediario
A Chávez convenció desde la cárcel a diario
Ah sido y es el fiel comunicador del castro
Fue el encargado con Chávez de hacer trato

Desde que llegó su mandato hay protestas
A este maduro no lo quieren ni los profetas
El primer llamado a calle lo hiso Leopoldo
El pueblo salió y ese gobierno lo encarcelo
Asesinaron y torturaron a muchos jóvenes
Que salieron a protestar, pero con cojones

Esto es lo que Chávez dejó al país de herencia
Unas personas más corruptas en la presidencia
Al Fhidel todo lo ha funcionado a la perfección
El general de los generales está a su disposición
Es que vendieron la patria, la peor y vil traición
No nombre a Bolívar que no tendrán aprobación
Bolívar la libertó y Chávez pudo regalar otra vez
Qué vergüenza este el Chávez que nació al revés

CAPITULO IX
¿Y AHORA QUE PASARA CON LA AMADA VENEZUELA?

Con una 2015 y legitima asamblea nacional
Llega el diputado Guaido y es internacional
Por cabildos abiertos lo nombran presidente
Es el legal por la constitución y es el vigente
Pero hay vil secuestros en todos los poderes
Militares violan la constitución y sus deberes
Estos generales a Guaido nada que obedecen
Apoyan al Maduro, es de corrupción padecen

Se sigue con el diputado Guaido aun en esta lucha
Sin ningún apoyo con aquellos que usan cachucha
Decenas de países si lo reconocen es por ser legal
Como presidente interino le tiene que dar es pedal
Este si es de cuarto nivel, es un hombre graduado
El TIAR con la OEA se pudo haber ya es activado
Pero se realiza con su proceso lento y conservado
Al final con TIAR por países no fue nada apoyado
Donde están los militares que defienden su legado
Como han perdido su honor y divisa han regalado
Han entregado a extranjeros toda nuestra soberanía
Dan vergüenza al país sin dignidad y sin su valentía

A Guaido no se le enfría nada el guarapo
Esta sociedad le sigue y no es por guapo
Es porque el venezolano tiene esperanza
Y unos políticos andan en otras andanzas
A Guaido estos lo dejan es más que solo
Con su liderazgo deberían es estar todos
Un político debe estar en toda comunidad
Pero ya no les gusta se sienten en suciedad

Ahora los políticos andan es más pulidos
No patear todo un barro ni andar jodidos
Ya no les importa para nada de su gente
Solo obtener su puesto de jefe o gerente
Cualquier sitio donde solo haya ramillete
Que pueda podar y le deje su gran billete
No importa su partido menos la dignidad
Solo titularse de corrupto sin impunidad

Ay maduro tienes más del 80% de rechazo
Cada vez que hablas metes grandes cachazos
Te llaman el ilegitimo y estas es al cargo
Pero en tu diario sueño debe ser muy amargo
Todo ser vivo rechazado llega tener su corona
Con la tristeza interna padecida y no es buena
Pero es tu buena decisión y de mucha firmeza
Busca tu felicidad que lo que tienes es tristeza

Ya tienes el dinero que soñaste y has querido
Deja vivir a todo niño con su corazón latido
Toda tu vida fuiste hasta el mejor monigote
De los castros ponte serio como tu tal bigote
Agarra tus riquezas, del país ya anda lárgate
Escapa, huye, antes que el amigo fiel te mate
No será un venezolano lleno como de tomate
Hay castros que esconden, no es en escaparate

No hay una dictadura para toda la vida
Solo en cuba sin riquezas tiene cabida
Pero Venezuela está llena de riquezas
De su gente de sus virtudes y enterezas
Saquearon nuestros principales minerales
Igual quedan tierras y recursos naturales
Ya llegará pronto el día a los generales
Que son los culpables y unos miserables

Igual a todos esos y que dicen ser unos abogados
Que de tanta corrupción se encuentran ahogados
Un falso, malévolo tribunal supremo de justicia
Y lo que derogan y decretan es la purita malicia
Graduados será por sus tales absurdas misiones
O títulos comprados pagando unas comisiones
Lo cierto es que tampoco son legales para nada
Tan corruptos que los manejan como en manada

Es la corrupción más grande del descaro
Los militares con su divisa y su amparo
Esto lo de los militares no es nada nuevo
Desde Páez hasta hoy en día por su fuero
Ahora son más valientes para poder robar
Así igual para encapucharse e ir asesinar
A su propio pueblo de puros venezolanos
Temen y les jalan a esos militares cubanos

Unos dicen que es el pánico a ese cubano
En cuba les dicen lambe bota venezolano
Porque es ese cubano es quien lo manda
Pobre militar venezolano es que ni canta
La corrupción y droga ahora es dignidad
Tienes full dinero y toda una inmunidad
Es que acabas vidas con tu sol de cartel
Y es que perdiste tu mando en tu cuartel

Ahora es Venezuela la "narcotraficante"
Con toda una red que sale muy adelante
Surtidora fija para todos los continentes
Al que pague muy bien y sea pertinente
Si no les importan sus propios hermanos
Que les importan que mueran los chamos
Como van a querer soltar todo el poder
Saben que al hacerlo todos se van a joder

Se necesita es mucho papel y tinta para continuar
Y describir al comunismo que se pudo camuflajear
Con tristeza e impotencia se ve es un país socavado
Por políticos y militares que lo han dejado arruinado
No solo basto con ellos sino también con extranjeros
Bandas terroristas y guerrilleros que son sus aliados
Minas y terrenos del país para ellos han sido cedidas
Incluyendo quizás los pozos petroleros sin medidas
Tanto los políticos de oposición como los comunistas
Han abusado de la soberanía nacional estos extremistas
Donde hay un político hay corrupción, sea de oposición
Como hicieron con monómeros que fue poco en adopción
Enriquecidos con lo ajeno de todo un país todo destrozado
Con una oposición que se traiciona a si misma disfrazado
El ciudadano cruzando trochas y fronteras para su porvenir
Ya que su calidad de vida fue fracturada para poder vivir

Pasar por trocha venezolana es más segura que la frontera
Ya que las fuerzas armadas te cobran comisión a la esfera
Hasta antes que llegues con tus maletas te requisan al desnudo
A ver cuantos verdes te pueden sacar y lo hacen a menudo
Venezuela a crecido en delincuencia y todo ilegal de negocio
De cómo lavar dinero como lavadora para matar el gran ocio
Antes se protestaba por la subida de un real en la gasolina
Ahora se conforman esperando como niño con la golosina

No hay un país doliente de lo que le pasa al venezolano
Esto no es juego, sino una plaga que inicio un cubano
De llegar a todos los países hasta el mismo continente
Para ellos no hay apuro, esperan el momento pertinente
Hasta el dinero de los estamentos del país son su fuente
Para financiar políticas de izquierda haciendo un puente
Lo han logrado con facilidad, es Latinoamérica su candidez
Inmersa en toda la ignorancia y al conformismo cada vez
Siempre tropezando con la misma piedra con sus políticos
En las cuentas de los estamentos no cuadran sus algoritmos

Como han alimentado al absurdo comunismo
Con el dinero de Venezuela y ese ladronismo
Es que ya tienen para pagar lo que es necesario
A todo delincuente, grupos y todo mercenario
Es a toda América, la pretender es conquistar
Por medio de mentiras y regalos en alimentar
Ojalá que ningún pueblo no se deje manipular
Despierte y por esos idiotas no se dejen vacilar

A mi amada Venezuela como la han saqueado
Entre países con tonos rojos la han orquestado
Con sus grupos armados, generales en la trivial
Venezuela sus riquezas provocando un diluvial
Países que se aprovechan de estos delincuentes
Con sus descaros y cobardías fueron elocuentes
Países que recibe oro por alimentos y chatarras
No les interesa el bien del país ni una chicharra

Estos países se hacen llamar que son socialistas
Y lo que son solo unos muy buenos capitalistas
Están como aquellos chavistas muy resentidos
Es la envidia les hace perder todos los sentidos
Como critican a todo lo que es el imperialismo
Y mueren por vivir allí con un buen liberalismo
Para ellos es mejor el pobre que sea más pobre
Así ellos llenan a sus cuentas con más de cobre

En lo político ningún socialismo no existe
Solo es una mala plaga que solo lo persiste
La utilizan es para hacerse muy millonario
Secan al pueblo con esa ley de mandatario
Eliminan casi todas las buenas profesiones
A la buena educación no hay excepciones
Manipulan y si logran tener gente sumisa
Para ponerle a la fuerza igual una camisa
Todos aquellos que de esto pueda disentir
Ya sabe que debe estar capaz para sufrir
Con futuras torturas crueles o sin trabajo
Te buscan su fiel SEBIN como escarabajo
Estos son más que unas bandas armadas
Y dicen que son policías en camufladas
El pueblo se encuentra es bien reprimido
Por estos ratones de corruptos resentidos

Venezuela despierta¡, que tu gente se muere
Sin medicina ni alimentos, esto como duele
Nos quitan lo que fue lo mejor en educación
Para que nadie tenga su verdadera profesión
Muchos venezolanos pierden es la dignidad
Con ella también se les va, toda su felicidad
Dios, dale a este comunismo su pronto final
Un juicio para malvados que sea pena capital

Solo se quiere la significativa transición
Para una democracia en buena decisión
El ciudadano elija su acertada decisión
Que se culmine esta errada revolución
Comience y se cumpla la constitución
Donde Venezuela inicie una evolución
Para el bien común y entre prosperidad
Como lo logró Bolívar para su libertad

Ya estos tienen, el dinero que quieren
Que se larguen como el Pérez Jiménez
Se quiere una transición, pero pacífica
Por el pueblo sin guerra y extremistas
Ojalá, el régimen entrase en la sensatez
Pero todos los dictadores son descortés
Pocos se salen por su propia voluntad
Les importa más su ego que su libertad
Es un país muy brillante y resplanduoso
Con el permiso del saqueo de un mafioso

El negocio más grande para la mayor corrupción
Es el oro que abunda al oriente como bendición
Hasta con aluminio lo visten para su gran saqueo
Llamado robo y es el mejor dinero en blanqueo
Hasta los diamantes y todo el mineral ostentoso
Se empobrece el ciudadano y se enriquece el oso
También los militares y todo que termine en sito
Las minas son más que franquicias como narco
Todos dueños de minas de este noble gran arco
Como han destruido el hermoso y oriente del país
Sacando a todos sus aborígenes de su fiel raíz
Sin escrúpulos hasta sangre corre por sus manos
En busca de un oro robado, matan a los hermanos
El karma les llegará para todos ellos sin piedad
Hasta la naturaleza se vengará de esta calamidad

Para 2023 llega el fin del interinato de Guaido
Logrado por los que llaman oposición como fido
Muchos comentan que son aliados del régimen
Es Venezuela donde los políticos ya no un amén
Solo cuanto les toca en billetera y que así lo sea
Son de los que traicionan su patria por lo que sea
Ya no existen políticos coherentes y con firmezas
Ya lo que dan es mucha pena y una gran tristeza
Que vendan su propio país para su lucro particular
Solo hablan para poder mentir y lograr manipular
También se habla de un interinato de corrupción
Esperemos ver las cuentas claras de esta oposición
La política de Venezuela está en una vil evolución
Sin dignidad, sin valores todos en vía a corrupción

Continúan con el supuesto trato de un mejor dialogo
Llego 2023 régimen y oposición van a un oncólogo
En el dialogo el régimen tiene es una mala intención
Que les entreguen sus delincuentes y de la bendición
No es un trato de fiar jamás, canjear es el poder ceder
Sino para su dictadura poder alargar y tomar su poder
No aceptan elecciones libres ni el cese a la usurpación
Ahora arreglan candidatos de oposición en corrupción
Para elecciones 2024 ya todo lo deben tener arreglado
Ofrecen elecciones libres, pero todo esta camuflajeado
No hay ninguna dictadura que planee ceder ni pactar
No escuchan condiciones democráticas para aceptar
Ni siquiera un salario mínimo quieren dar a mejorar
Protestas de todos sus empleados y escuchen su quejar
Siguen amenazándolos con sus colectivos para atacar
Pero no hay miedo y así continuar para poder protestar

Se espera por la CPI para que se los lleven por las patas
Hacen un juego de ajedrez simulan que es pelea de ratas
Por 3mil millardo que se han llevado se dicen al pelear
Si más de 100 decenas de eso se han tonado en su robar
Se habla de minar sus propias cúpulas para así disimular
Ahora, este régimen dice hacer justicia para el enjaular
A quienes ellos desean sacar y fastidiar de su vil cúpula
Todo es por el poder del dinero te envía es a la madre
Y no de Calcuta, sino que les sacan todo su desliendre
Es la cortina de humo donde se destaca el comunismo
Con sus mentiras para su mejor poder con todo cinismo

Quien permite que un oso meta sus garras
Para el saqueo del oro en lingotes y barras
Solo para armas y asi atacar al ciudadano
Perpetuarse al poder y destruir al venezolano
Con clamor y amor le pido a toda mi divinidad
De corazón termine esta maldad sin vanidad
Que la luz divina brille en toda esa oscuridad
Caigan uno a uno tan pronto como la verdad
Venezuela ya sabemos que no hay un libertador
Si no millones de tí para lograr el resplandor
Pronto llegará el gran despertar en hermandad
Puede más el amor de todos que toda maldad

MIS REVERENCIAS A ESTAS REFERENCIAS

Qué bonito es poder tener la virtud de leer
Para conocer y tener el poder del saber
Esto es por todos los respetables escritores
Que son grandes y excelentes autores
También a todas las buenas editoriales
Y a todas las informaciones virtuales
Gracias a los autores Morón y Juan Reyes
A Romero y Hernández en historia son leyes
Para Santillana Historia como editorial
A la CO BO y a la Terra que son un historial
También a Domínguez, Franceschi y Hurtado
Con toda su valiosa información de doctorado
Se pudo tomar la recopilación de algunos datos
Lee la histórica que hay versos para buenos ratos

CONTENIDO

CONTENIDOS